Anne Suppelt

Fit und gesund durchs Jahr
Das Kräuterbuch

Die wichtigsten Heilkräuter.
Mit zahlreichen Rezepten und einem ausführlichen Pflanzenlexikon

HamppVerlag

Text: Anne Suppelt
Umschlaggestaltung & Layout: Hampp Verlag, Stuttgart
Umschlagfoto: Jutta Weser
Reproduktion: BTB Bild und Text GmbH Baun, Fellbach
Satz: pws Stuttgart
Druck und Bindung: Grafische Betriebe Gooss & Co., Goslar
Gesamtherstellung und Produktion: Hampp Verlag GmbH, Stuttgart

Bildnachweis:
AoK: 25; Apotheker Dr. Scheller: 9 (links oben); Claire Fisher: 96 (links oben); CMA: vor S. 75, 75–88 (jeweils Einklinker links oben), 83 (rechts), 97 (links oben); Heepen, Günther H.: 99; Kneipp: 1, 27 (rechts unten), 77, 87, 95, 98; Merz + Co.: 80; mt-color: Abbildung nach S. 4, 6, 7 (rechts unten), 9 (rechts unten), 10–12 (Einklinker links oben), 13, 14–24 (Einklinker links oben), 26, 28, 30, 36, 38, Abbildung vor S. 95, 95–96 (Einklinker links oben), 98–106 (Einklinker links oben); Paysan Bildarchiv: 7 (links oben), 18, 21, 27 (links oben), 29 (rechts unten), 40, 41, 48–51; Schädel, Thomas: 81, 85; Subramaniya, Krishna: 31; Suppelt, Anne: 10, 12, 14 (rechts unten), 15, 16, 17, 20, 22, Abbildung vor S. 35, 36, 37, 38 (links oben), 42–47, 52–69, 75–76, 78–79, 83 (links), 84; TK: 29 (oben), 97 (rechts unten); Weser, Jutta: 23, 32, 34, 70, 72, 74, 90, 92, 94, 96 (rechts unten), 108.

Printed in Germany
ISBN 3-930723-20-4

Inhalt

Von Januar bis Dezember: Tips und Ratschläge aus der Naturapotheke.

Das Kräuterjahr

Damit Krankheiten möglichst gar nicht erst entstehen.

Vorwort

Eine alte Weisheit besagt:
Den Kopf halte kalt, die Füß' halte warm,
den Darm funktionsbereit,
so hast' für den Doktor wenig Zeit!

Vorbeugen also heißt das Zauberwort, will man sich sein kostbarstes Gut, die Gesundheit, bewahren. Kräuter können dazu einen wesentlichen Beitrag leisten. Richtig angewandt und dosiert stärken sie Abwehrkräfte und Organe des noch gesunden Menschen.
Leider nehmen sich heute die wenigsten Menschen Zeit für ihre Gesundheit. Wenn sich auf Dauer Streß mit Bewegungs- und Schlafmangel, Rauchen, übermäßigem Kaffee- und Alkoholgenuß paaren, dann fällt es dem Körper schwer, weiter einwandfrei zu funktionieren. Sätze wie »Es geht ja doch nicht ohne mich« oder »Ich habe keine Zeit« sind symptomatisch für den Raubbau an den eigenen Kräften. Solche Menschen leben oft nicht mehr im Einklang mit ihrem Körper und denken nicht an den Erhalt ihrer Gesundheit. Gerade aber sie sollten sich das wert sein.
Deshalb gilt immer wieder der Grundsatz: Vorbeugen ist besser als Heilen. Die Natur hält einige treffliche Mittel dafür bereit.
Man muß kein großer Pflanzenkenner sein, um sie anwenden zu können. Vierzehn heimische Kräuter reichen aus für eine natürliche Hausapotheke. Sie können auch dem medizinisch ungeschulten Laien dabei helfen, ein von Krankheiten relativ unbelastetes Leben bei natürlicher Alterung zu führen.
Über das Vermitteln von Wissen zum sachgemäßen Umgang mit diesen Heilkräutern hinaus soll dieses Buch ein ständiger Begleiter durch das Jahr werden. Es kann dazu beitragen, daß Menschen wieder zu einem bewußteren Leben im Einklang mit sich, ihrem Körper und der sie umgebenden Natur finden.

Anne Suppelt

Januar

Bittere Kälte kann uns in diesem Monat erwarten und sehr viel Schnee. Seit einigen Jahren zeigt sich der Januar häufig auch von seiner feuchtkalten Seite und plagt viele Menschen mit Husten, Schnupfen und Heiserkeit.

Winterzeit – Hochkonjunktur für Erkältungen

Regel Nr. 1: Ruhe

Der Volksmund sagt, eine Erkältung dauere mindestens neun Tage: »Drei Tage kommt sie, drei Tage steht sie und drei Tage geht sie.« Man kann also gar nichts gegen sie tun? Irrtum. Die Naturheilkunde hält hier einige Ratschläge bereit, wie man das Wohlbefinden verbessern und die Abwehrkräfte stärken kann. Allgemein gilt jedoch: Jede Anstrengung, besonders Sport, ist während einer Erkältung zu vermeiden. Sie belastet den Kreislauf nur. Der Körper braucht Ruhe und Wärme. In solchen Tagen muß man Geduld mit sich haben. Nur so wird man wieder völlig gesund.

Hilfe bei Erkältungen

Ich empfehle, beim ersten Kratzen im Hals sofort mit **Salbei** zu gurgeln. Er wirkt desinfizierend und beruhigend. Mit **Holunderblüten- oder Lindenblütentee** können Sie eine Schwitzkur (am besten abends) einleiten. Trinken Sie davon eine Tasse Tee, nehmen Sie zusätzlich ein heißes Bad und gehen Sie sofort ins Bett, um dort für 30 Minuten über den Schweiß kräftig zu entgiften. Dabei wird gleichzeitig auch das Immunsystem angeregt. Der Körper braucht danach mindestens zehn Stunden Ruhe in einer warmen Umgebung.

Tee aus Lindenblüten für die Schwitzkur

Selbstgemachte **Ringelblumensalbe** auf Schmalzbasis (Herstellung siehe S. 83) auf Hals und Brust gerieben wirkt durchblutungsfördernd und entzündungshemmend. Der Schmalzanteil erweitert die Blutgefäße wieder, die sich durch die Erkältung verengt haben, und sorgt für leichteres Atmen.

Spitzwegerichtee unterstützt den Gesundungsprozeß zusätzlich von innen. Er wirkt wie ein natürliches Antibiotikum. Davon sollten Sie täglich mehrere Tassen so heiß wie möglich trinken, am besten ungesüßt oder mit (wenig) Honig verfeinert. Die Schleimhäute verstopfter Nasen können mit einer **Tinktur aus Bitterkräutern** (ähnlich Schwedenkräutern) angeregt werden. Hierzu Watteballchen mit Tinktur tränken und in die Nasenlöcher stecken. Das verschafft Linderung, ohne dabei die Schleimhäute auszutrocknen. Gleichzeitig wirkt die Kräutertinkur desinfizierend. Das Atmen fällt wieder leichter. Vor allem morgens und abends sollte man die Wattebällchen einige Zeit in der Nase belassen. Bei verschleimten Atemwegen, Husten und Heiserkeit hilft ein **Spitzwegerichsaft**.

Saunagänge sollten Sie während einer Erkältung vermeiden. Sie belasten den Kreislauf und fördern eine andere Art des Schwitzens. Die Sauna hilft nur dem gesunden Menschen, Erkältungskrankheiten vorzubeugen.

Tip

Ein erkälteter Mensch braucht fünfmal soviel Vitamin C wie ein gesunder. Da der Körper es nicht speichern kann, muß er täglich damit versorgt werden (z.B. durch Zitrusfrüchte und Kiwis).

Februar

In diesem Monat kann es noch einmal sehr kalt werden. Der Fasching steht oft noch im Zeichen von Schnee und Eis. Gleichzeitig treibt der Frühling seine ersten Boten, die Schneeglöckchen, ans Licht. Die Natur hat ihren Winterschlaf beendet. Langsam beginnt sie zu erwachen – auch in unserem Körper: Adern und Venen werden jetzt stärker durchblutet.

Universalgenie Ringelblume

Wer zu Krampfadern und Bindegewebsschwäche neigt, der sollte jetzt zur **Ringelblumensalbe** (Herstellung siehe im Kapitel Rezepte auf S. 83) greifen und die Beine täglich mindestens morgens und abends damit einreiben – je häufiger, desto besser in diesem Fall. Die Creme unterstützt den Durchblutungsvorgang und beugt Entzündungen und Stauungen vor. Zwei Tassen Ringelblumentee täglich unterstützen diese Wirkung.

Tip

Nur regelmäßiges Eincremen der Beine kann langfristig Erfolg zeigen. Die tägliche Pflege ist äußerst wichtig, damit die Ringelblume ihre Kräfte entfalten, die Beschwerden lindern und somit eventuell sogar eine Operation verhindern kann.

Krampfadern und Besenreiser sind die Folgen eines ererbten schwachen Bindegewebes. Viel Bewegung kann Ihr Bindegewebe stärken – und Trinken von **Ringelblumen- und Hirtentäscheltee** im wöchentlichen Wechsel. Wer um seine angeborene Schwachstelle weiß, kann auf diese Weise vorbeugend viel dafür tun, daß Krampfadern und Besenreiser erst gar nicht entstehen.

Erinnern Sie sich? Im Januar erwähnte ich die **Ringelblumensalbe.** Sie diente dort dem Behandeln von Erkältungskrankheiten. Jetzt habe ich Sie ihnen zur Pflege des Bindegewebes empfohlen. Doch sind die Grenzen dieses entzündungshemmenden und durchblutungsfördernden Produktes damit noch längst nicht erschöpft: Die Ringelbumensalbe

Ringelblumensalbe hilft gegen Krampfadern.

hilft bei Wunden, Quetschungen, Blutergüssen, Muskelzerrungen, Kniebeschwerden, Verkrampfungen im Nacken- und Halsbereich, Rückenschmerzen und Tennisarm. Man pflegt mit ihr die wundgelegenen Stellen von Babys und Kranken. Sie wirkt sofort juckreizlindernd bei Neurodermitis! Sie fördert das Heilen von Operationsnarben. Und sie lindert Erkältungsbeschwerden, wenn man Hals und Brust damit einreibt. Die Ringelblumensalbe ist eine Art Universalgenie. Sie werden in diesem Buch noch oft von ihr hören. Von unschätzbarem Wert für die Gesundheit ist auch ihre Basis: Schweineschmalz, das die Durchblutung fördert. Andere Fette wie Lanolin, Vaseline, Melkfett usw. besitzen diese Eigenschaft nicht.
Die Älteren unter Ihnen erinnern sich sicher noch an die Jahre, in denen man bei Erkältungen Hals und Brust mit purem Schweine- oder Gänseschmalz einrieb. Ein altes Hausmittel, das stets Linderung brachte. Heute stört uns der Geruch der Fette. Die Industrie hat unsere Nasen mit angenehmeren Düften verwöhnt. Aber was gut riecht, muß nicht unbedingt helfen. Und für das Gesunden ist letztendlich nur die Wirkung wichtig!

Tip

Vergessen Sie nicht, sich in den Wintermonaten viel zu bewegen: Wandern Sie, gehen Sie Spazieren und Schwimmen, treiben Sie Gymnastik oder besuchen Sie ein Fitneß-Center. Wichtig ist, das Sie Ihre Sportart regelmäßig betreiben. So können Sie vielen Beschwerden vorbeugen. Doch verlangen Sie bitte keine Hochleistung von Ihrem Körper. Überfordern Sie ihn nicht. Gehorchen Sie den Grenzen, die er Ihnen setzt. Sie zu überschreiten belastet den Kreislauf unnötig, und Sie erreichen damit genau das Gegenteil von dem, was Sie ursprünglich wollten.

März

Frühlingsbeginn! Jetzt steigen die Säfte nicht nur in Büschen und Bäumen. Ähnliches wie bei den Pflanzen, deren Stoffwechselhaushalt jetzt langsam in Gang kommt, spielt sich auch im Menschen ab. Die Drüsen beginnen vermehrt zu arbeiten, der Körper versucht sich von Schlacken und Giftstoffen zu befreien.

Frühjahrsmüdigkeit & Co.

Unterstützen Sie diesen Stoffwechselprozeß! Sie bekämpfen damit gleichzeitig die Frühjahrsmüdigkeit – ein Zeichen dafür, daß der Körper mit Giften und Schlacken belastet ist. Unreine Haut und Akne »blühen« meist im Frühjahr und Herbst am stärksten, Gallen- und Nierenkoliken, Hexenschuß und Ischias plagen die Menschen in dieser Zeit häufiger als sonst.

Fit durch Teekuren

Ich empfehle jetzt wieder eine vierwöchige **Brennesselteekur**: Jeden Tag sollten Sie einen Liter Tee über den Tag verteilt trinken. Dazu nehmen Sie vier Teelöffel getrocknete Brennesselblätter für einen Liter Wasser, überbrühen sie und lassen sie höchstens eine Minute ziehen. Im Laufe des Tages wird der Tee immer dunkler. Ein natürlicher Vorgang, da er viel Eisen und Mineralsalze enthält. Dadurch wirkt er blutbildend, blutreinigend und stark entwässernd. Er regt Leber, Galle, Milz, Magen- und Darmbereich an. Die Folge ist eine spürbare Leistungssteigerung des Körpers.

Die Brennessel: blutreinigend und entwässernd

Bei zu niedrigem oder zu hohem Blutdruck empfehle ich eine Kur mit **Misteltee**. Man rechnet einen Teelöffel des getrockneten Krautes für eine Tasse und setzt es mit kaltem Wasser an. Dann läßt man den Tee zehn bis zwölf Stunden ziehen und trinkt davon anschließend eine Tasse schluckweise über den Tag verteilt. Mistel wirkt blutdruckausgleichend. Machen Sie jetzt eine Dreimonatskur!

Tip

Planen Sie schon jetzt Ihre nächste Entschlackungskur im Herbst. Eine alte Regel der Naturheilkunde besagt, daß die besten Zeitpunkte für das Entgiften des Körper dann seien, wenn »im Frühjahr, die Stachelbeeren leicht grün werden und wenn sich im Herbst die Buchen röten.«

Bitterkräuter für jeden Zweck

Den Entschlackungsvorgang unterstützen Sie am besten mit einer **Bitterkräuter-Tinktur**: Verdünnen Sie morgens vor dem Frühstück und abends vor dem Schlafengehen je einen Teelöffel Tinktur mit einem Schnapsglas Wasser und trinken Sie die Mischung. Sie sorgt dafür, daß die Verdauungssäfte angeregt werden.

Bitterkräuter sind vielfältig einzusetzen: Für die innere Anwendung dürfen sie nur verdünnt eingenommen werden. Sie wirken vor allem bei Verdauungsstörungen und bei Einschlafschwierigkeiten. Sie regen die Bauchspeicheldrüse an (wichtig für Diabetiker), entschlacken den Körper, unterstützen Leber und Galle, regen die Nierentätigkeit an, beschleunigen den Stoffwechsel, stärken die Leistungsfähigkeit und helfen bei Konzentrationsschwäche. Selbst der Kreislauf wird unterstützt, und für Rheuma und Gichtkranke sind sie oft eine Hilfe.
Äußerlich wird die Bitterkräuter-Tinktur unverdünnt angewandt. Sie desinfiziert zum Beispiel Wunden. Weil Sie eine große Tiefenwirkung besitzt, kann sie auch erfolgreich bei Pickeln, Geschwüren und Herpes eingesetzt werden. In diesen Fällen betupft man die entsprechenden Stellen mehrmals am Tag mit der Tinktur.

Tip

Ein **Rosmarin-Kräuterbad** ist jetzt eine Wohltat für Ihren Körper. Es belebt, regt den Kreislauf an und erfrischt (Zubereitung siehe S. 86).

April

Der April macht mit uns wirklich, was er will. Regen, Sonnenschein, Graupel und Schnee – innerhalb kürzester Zeit zwingt er unseren Körper, sich an die unterschiedlichsten Wetterlagen anzupassen. Und das belastet den Kreislauf! Helfen Sie ihm! Unterstützen Sie seine Arbeit mit Bärlauch.

Frühjahrsputz mit Bärlauch
Der Knoblauch des Waldes übernimmt den Frühjahrsputz in unserem Körper. Er reinigt und entschlackt ihn, putzt den Darm sauber und normalisiert die Darmflora. Regelmäßig als Tee getrunken sorgt er gleichzeitig dafür, daß Ekzeme und Hautunreinheiten

Bärlauch *(Allium ursinum)*

kaum noch Chancen haben. Erhöhten Blutdruck senkt er, Arterienverkalkung lindert er. Bärlauch wächst im Halbschatten von Laubwäldern. Die Blätter des Waldknoblauchs ähneln denen des Maiglöckchens und der Herbstzeitlosen, beides giftige Pflanzen. Doch es gibt ein eindeutiges Kennzeichen: Reibt man seine Blätter zwischen den Fingern, so duften sie stark nach Knoblauch.

Gesammelt werden nur die Blätter vor der Blüte – immer frisch verwenden, denn getrocknet besitzen sie keine Wirkung. Um Vorrat für den Winter zu erhalten, setzt man mit den frischen Pflanzenteilen eine Tinktur an (Herstellung siehe Seite 81). Auch unseren Speisezettel bereichert der Waldknoblauch. Seine frischen, zerkleinerten Blätter schmecken wie Schnittlauch. Mischen Sie ihn unter Quark oder essen Sie ihn auf einem Butterbrot. Servieren Sie ihn als Salat mit einem leckeren Dressing, bereiten Sie ihn wie Spinat oder Gemüse zu oder verfeinern Sie damit Suppen und Soßen. Zusätzlich versorgen Sie Ihren Körper über eine solche Mahlzeit mit Vitamin C, das im Waldknoblauch reichlich enthalten ist.

Gänseblumen, Löwenzahn

Auch der **Löwenzahn** ist ein Kraftpaket. Verwenden Sie die zarten jungen Blätter für Ihren Salat. Roh gegessen beugen etwa drei Stengel täglich einem Gallenleiden vor. Die Stengel sind nicht giftig, wie allgemein behauptet wird! Mit ihrem Saft betupft man übrigens auch Warzen. Frische und getrocknete Blüten und Blätter des Löwenzahns regen als Tee zubereitet die Funktion von Stoffwechsel, Galle, Bauchspeicheldrüse und Leber an. Bei Erkältungen wirken sie schleimlösend.

April-Salat

Dieser Salat ist ein köstlicher Vitamin C-Spender. Sammeln Sie Bärlauch- und Löwenzahnblätter. Geben Sie die Blüten von Gänseblümchen und gehackte, hartgekochte Eier dazu. Übergießen Sie Ihren Salat mit leicht angeröstetem, durchwachsenem Speck.

Der Löwenzahn – ein Kraftpaket

Gänseblumen sind besonders gut geeignet für Frühjahrskuren. Sie haben blutreinigende Wirkung und bauen die Schlacken im Körper ab, die sich im Winter angesammelt haben. Die frischen Blütenköpfe enthalten Vitamine, Gerbstoffe, Saponine sowie ätherisches Öl; sie regen vor allem den Stoffwechsel von Leber und Galle an. Überbrühen Sie eine Handvoll frischer Blüten mit heißem Wasser. Fünf Minuten ziehen lassen. Im Frühjahr täglich eine Tasse trinken oder mehrere Blüten essen (langsam zerkauen).

Mai

Kühle bis frostige Nächte erwarten uns im Mai. Die Eisheiligen und die Kalte Sophie versuchen den Frühlingsvormarsch ein letztes Mal zu stoppen. Doch warme, sonnige Tage spenden dem Körper bereits viel Energie.

»Sonnenenergie« für den Körper

Hilfe für das Immunsystem

Die oft krassen Temperaturschwankungen strapazieren allerdings unsere Schleimhäute. Darum begleiten uns durch diesen Monat Heilkräuter, die unsere Abwehrkräfte stärken. Dazu gehören zum Beispiel die Holunder- und Weißdornblüten sowie der Spitzwegerich und die Brennessel.

Holunder ist oft an Bächen, aber auch an Waldrändern zu finden. Die weißen Blütendolden, die uns ab Mai entgegenleuchten und honigsüß duften, versprechen uns viel Gesundheit. Sammeln und trocknen Sie diese Blüten. Als Tee zubereitet helfen sie gegen Fieber und Erkältungen. Holunderblütentee wirkt schweißtreibend. Sie können für eine Tasse Tee entweder eine Handvoll frischer oder einen Teelöffel getrocknete Blüten mit heißem Wasser übergießen und fünf Minuten ziehen lassen. Der Tee muß heiß getrunken werden. Anschließend legt man sich zum Schwitzen ins Bett.

Holunder *(Sambucus nigra)*

Spitzwegerich: Er hilft vor allem bei Erkrankungen der Atmenwege wie Husten, Erkältung und Bronchitis. Auch als Wundkraut wird er geschätzt. Innerlich kann man ihn als Erkältungstee oder auch äußerst wirksamen Hustensaft einnehmen. Wer Erkältungen vorbeugen will, sollte täglich morgens und abends einen Eßlöffel Spitzwegerich-Sirup einnehmen.
Für den Einsatz des Krauts als Wundmittel pflücken Sie ein Blatt, zerreiben es zwischen den Fingern, bis es saftig wird. Dann bestreichen und reinigen Sie damit frische Wunden (z. B. aufgeschlagene Knie, Schnittwunden aller Art, Blasen an den Füßen oder Bißwunden). Spitzwegerich ersetzt das Jod völlig. Sie können das frisch zerriebene Blatt auf die Wunde legen und es dort mit einem Pflaster befestigen.

Spitzwegerich, das »Antibiotikum« unter den Heilkräutern

Vom **Weißdorn** sammelt man jetzt die Blüten und nutzt sie frisch als Kräftigungsmittel für das Herz- und Kreislaufsystem. Weißdorn fördert die Herzleistung, reguliert den Blutdruck und Herzrhythmus-Störungen. Frisch als Tee zubereitet erzielt man die beste Wirkung. Im Herbst stellen wir aus den Früchten eine Tinktur her. Weißdornpräparate können das ganze Jahr über eingenommen werden.

Jetzt ist auch die Zeit gekommen, **Brennesselblätter** für den Wintervorrat zu trocknen. Eine Handvoll frischer Blätter ergibt, mit einer Tasse heißem Wasser übergossen, einen stark entwässernden und blutreinigenden Tee. Er sollte niemals länger als eine Minute ziehen! Probieren Sie jetzt auch Brennesselgemüse. Dazu bereiten Sie die gepflückten Blätter wie Spinat zu.

Juni

Der Juni ist unser »Heilblumen-Monat«. Die Wiesen gleichen riesigen Blütenteppichen. In der Naturapotheke herrscht jetzt Hochkonjunktur, es gibt viele Heilkräuter zu ernten. Allein die Wiese spendet uns aus ihrer Fülle eine sehr heilkräftige Mischung: die Heublumen. Sie sind nichts anderes als das gemähte und getrocknete Gras von artenreichen Wiesen.

Juni: Erntezeit für Heilkräuter

Heublumen – Heilblumen

Heublumen lindern bei allen Gelenkerkrankungen die Schmerzen. Jetzt sind die Wiesen voll von ihnen. Trocknen Sie das geschnittene Gras und geben Sie es locker in etwa 20 mal 30 Zentimeter große Baumwoll- oder Leinensäckchen, bis diese etwa zu einem Drittel gefüllt sind. Dann nähen Sie die Säckchen zu. Bei Gelenkschmerzen legen Sie eines dieser Säckchen in den Backofen und erhitzen es bei 150 Grad für 15 bis 20 Minuten. Anschließend bedecken Sie die betroffene Stelle mit dem erwärmten Heublumenkissen. Mit einer Wärmflasche darüber können Sie es länger warmhalten. Bei Rheuma, Gicht, Gelenkerkrankungen, Ischias und ähnlichen Beschwerden helfen Heublumen-Sitzbäder (Herstellung siehe unter Kräuterbad Seite 86). Heublumen gibt es auch als Fertigpräparate zum Beispiel in Form von Wörishofener Kissen oder Heublumen-Badezusätzen zu kaufen.

Tip

Es ist wichtig, bei der Behandlung mit dem Heublumenkissen zu liegen und anschließend eine Stunde lang zu ruhen. Nur dann kann die entspannende und entkrampfende Wirkung der Heublumen zum Tragen kommen.

Frauenheilkräuter

In Wald und Flur warten viele Kräuter darauf, gepflückt und getrocknet zu werden. Eines davon ist die **Schafgarbe**. An ihren weißen und rosa Blüten ist sie zu erkennen. Schneiden Sie bei Sonnenschein die Blütendolden oder das ganze Kraut im oberen Drittel, und benutzen Sie es einmal wöchentlich als Tee – auch in gesunden Tagen – zum Entgiften Ihrer Leber. Sollten Sie an Unterleibserkrankungen leiden, dann ist die Schafgarbe ein guter Heilbegleiter in Form von Tees und Sitzbädern (S. 77). Für den Winter trocknet man die Pflanze, aus den frischen Pflanzenteilen stellt man eine Tinktur (Herstellung s. S. 81) her.

Die Schafgarbe hilft bei Unterleibsbeschwerden.

Tip

Fügen Sie allen frischen Salaten jetzt Ringelblumen-, Gänseblümchen-, Borretsch- und Kapuzinerkressenblüten sowie Zitronenmelisse als verdauungsfördende Kräuter hinzu.

Bei Beschwerden im Unterleib, besonders bei Entzündungen, hilft auch **Frauenmantel**. Diese Pflanze blüht im Juni, man sammelt davon das blühende obere Drittel. Wenn Sie die frischen Pflanzenteile 1:1 mit **Schafgarbe** mischen und daraus einen Tee bereiten, erhalten Sie ein entkrampfendes und entzündungshemmendes Naturheilmittel.

Beruhigende Kräuter

Ehrenpreis gilt als Anti-Streßmittel. Als Tee stärkt er mit seinen blauen Blüten Herz und Gehirn und sorgt in diesem Bereich für eine gute Durchblutung. Der Cholesteringehalt normalisiert sich, und das Gedächtnis funktioniert wieder besser.

In den Gärten blüht in diesem Monat der **Lavendel.** Mit seinem Duft vertreibt er die Läuse von

Lavendel *(Lavandula angustifolia)*

den Rosen, wenn man ihn in ihre Nähe pflanzt. Beim Menschen wirkt er beruhigend auf das Nervensystem. Holen Sie sich ein- bis zweimal wöchentlich eine Handvoll Blüten, und brühen Sie diese frisch als Tee auf (fünf Minuten ziehen lassen).

Heilkraft der Ringelblume

Im Garten blüht in dieser Zeit auch die Ringelblume, unsere »Arnika der Tiefebene« mit den wunderbaren Heilkräften. Die gelb- und orangefarbenen Blüten der Ringelblume setzen fröhliche Akzente in unserem Garten. Doch viel wichtiger ist ihre Wirkung auf unseren Körper. Sie stimulieren unseren gesamten Magen- und Darmbereich, wirken entzündungshemmend und fördern die Durchblutung besonders bei Krampfadern und Venenleiden. Gerade in den heißen Monaten Juli und August leiden Patienten mit Krampfadern oft unerträgliche Qualen. Schwüle und hohe Luftfeuchtigkeit, gepaart mit Bewegungsmangel, belasten die Venen besonders. So manche Durchblutungsstörung und Entzündung macht sich dann bemerkbar. Dem können Sie von innen wie von außen jetzt schon vorbeugen: Trinken Sie viel Ringelblumentee. Eine sechswöchige Teekur wäre jetzt angebracht. Reiben Sie zusätzlich die Beine mit Ringelblumensalbe auf Schweineschmalzbasis ein (Rezept siehe S. 83).

Hirtentäschel

Hirtentäschel gehört zu den Pflanzen, die bereits im Frühjahr sehr zeitig zu wachsen beginnen. Damit regt es auch den Stoffwechselhaushalt des Mutterbodens an und gibt an ihn sehr viele Nährstoffe ab. Die gleiche Wirkung hat es auf unser Bindegewebe und auf unsere Muskulatur. Wenn man Hirtentäscheltee regelmäßig trinkt, stärkt und festigt er die Muskulatur. Damit beugt er auch Blasen- und Gebärmuttersenkungen vor – Ursachen einer angeborenen Bindegewebsschwäche. Unaufhörliche Blutungen, vor allem nach Geburten, bringt der Tee zum Stillstand. Sammeln Sie das obere Drittel des blühenden Krautes von März bis in den November hinein. Benutzen Sie es frisch oder trocknen Sie es für den Winter. Hirtentäschel-Tinktur wirkt, verdünnt eingenommen, kräftigend, vor allem im Winter. Äußerlich aufgetragen sorgt sie für eine bessere Durchblutung.

Thymian bei Husten

Verwendet wird das blühende Kraut. Es hat sich als Tee bei Husten und Keuchhusten bewährt: Sein ätherisches Öl mit Thymol löst den Schleim, wirkt desinfizierend und hat krampflösende Eigenschaften auf die Bronchien. Auch als Badezusatz bei Erkältungen ist es äußerst wirksam. Daneben stärkt es Magen und Nerven, regt den Appetit an, hilft bei Blähungen, Koliken, Unterleibs-, Nieren- und Blasenkrämpfen sowie Asthma.

Tip

Frische Teemischungen erhalten Sie, wenn Sie Ringelblume, Ehrenpreis und Hirtentäschel oder Schafgarbe und Frauenmantel im Verhältnis 1:1 mischen. Zur Geschmacksverbesserung können Sie einige Pfefferminzblätter dazugeben.

Bittere Medizin: Salbei

Salbei ist vor allem als Tee wirksam. Seine Blätter werden vor der Blüte gesammelt und für den Winter getrocknet. Ähnlich wie beim Thymian weist auch hier das angepflanzte Kraut im Garten eine höhere Heilkraft auf. Im Winter sollte es frostsicher abgedeckt werden. Bei Entzündungen im Mund- und Rachenraum nimmt man zwei Eßlöffel getrockneten Salbei für einen halben Liter heißes Wasser und läßt das Ganze fünf Minuten ziehen. Nach dem Abseihen abkühlen lassen und stündlich damit gurgeln.
Übrigens: Kleine Mengen an Salbeiblättern machen fette Speisen magenverträglicher und fördern zudem die Verdauung.

Juli

Es ist Hochsommer. Mensch und Tier leiden unter der hohen Luftfeuchtigkeit. Doch den Kräutern tut sie gut. Überall auf den Wiesen und Feldern grünen und blühen sie. Jetzt entfalten sie ihre ganze Kraft und schenken uns wirkungsvolle Heilmittel.

Hitzemonat Juli: Der Kreislauf sollte nun besonders geschont werden.

Johanniskraut beruhigt die Nerven

Der Mensch dagegen sollte sich der Hitze beugen und kreislaufbelastende Aktivitäten meiden. Weniger Bewegung ist mehr in diesen Tagen. Auch unser Nervensystem leidet unter zu starker Sonnenstrahlung. Auf ausgedehnte Sonnenbäder sollte also verzichtet werden, damit die Organe nicht geschwächt werden.
Seit dem 24. Juni, dem sogenannten Johanni-Tag, blüht das an Heilkräften reiche Johanniskraut. Es wirkt – innerlich und äußerlich angewandt – beruhigend auf unser Nervensystem. Gesammelt wird das obere blühende Drittel bei Sonnenschein. Benutzen Sie es frisch als Tee, bereiten Sie daraus Öle und vieles mehr zu. Oder trocknen Sie es für den Wintervorrat. (Mehr dazu lesen sie unter der Heilkräuterbeschreibung »Johanniskraut« auf Seite 51).

Beinwell für Knochen und Muskeln

Beinwell wird auch Beinwurz oder Comfrey genannt: Von dieser Heilpflanze nutzt man hauptsächlich die Wurzel. Denn dieser Teil enthält heilkräftige Stoffe, die besonders auf Knochen und Muskulatur einwirken. Die Wurzel wird ausgegraben, gesäubert und klein geschnitten. Sie dient uns als Grundlage für Tinkturen und Salben (Zubereitung siehe Seite 81f.). Alle erkrankten Gelenke werden

Beinwell *(Symphytum officinale)*

damit eingerieben. Auch Knochenbrüche, Rheuma, Verstauchungen, Verrenkungen erfahren Linderung dank der schmerzstillenden und beruhigenden Wirkung des Beinwell.

Statt Kamille: Königskerze

Bei allen Beschwerden, bei denen man die Kamille einsetzen würden, greift man jetzt lieber zur Königskerze. Denn die Kamille kann Allergien auslösen. Man sammelt hauptsächlich die gelben Blüten und zupft sie vorsichtig aus. Verwenden Sie diese frisch oder lassen Sie sie im Schatten langsam als Wintervorrat trocknen. Als Tee zubereitet verschafft die Königskerze bei hartnäckigem Husten Linderung. Tränken sie damit Ihre Kompressen, wenn Sie unter entzündeten Augen leiden. Sie fördern den Heilprozeß.

Die Melisse: Allheilmittel für Magen und Darm

Man kennt sie auch unter dem Begriff »Zitronenmelisse«. Denn wenn man ihre Blätter berührt, entströmt ihnen ein intensiver Duft nach Zitrone. Man kann sie übrigens nicht für den Winter trocknen, weil ihre Wirkstoffe nur in der frisch gepflückten Pflanze vorhanden sind. Die Melisse gilt als Allheilmittel für den Magen- und Darmbereich. Sie bekämpft darüber hinaus Nervosität, Galle-, Leber- sowie Herzleiden und vieles mehr. Sie wirkt krampflösend, galletreibend, beruhigend und blähungstreibend. Trinkt man ihren Tee täglich, hindert er Bakterien, Viren und Pilze daran, sich zu vermehren. Im Garten sollte die Melisse deshalb nie fehlen. Man nutzt nur die Blätter der Melisse, bevor sie blüht. Ihren wohlschmeckenden Tee sollte man im Sommer stets täglich mit in den Speiseplan einbeziehen. Auch im Salat schmecken die Blätter gut.

August

Auch dieser Monat zählt zu den Hochsommermonaten, und unsere körperliche Verfassung ähnelt der im Juli. Am Waldrand und auf Lichtungen blüht jetzt das *»Kleinblütige Weidenröschen«*, eine Heilpflanze, die in ihrer Gesamtheit besonders auf den Harnleiter wirkt. Es gibt viele verschiedene Weidenröschen-Arten, doch für uns ist das »Kleinblütige« die richtige Heilpflanze.

Die Kraft des Kleinblütigen Weidenröschens

Bei Nieren, Blasen- und Prostatabeschwerden hilft sie uns sehr. So manche Prostataoperation könnte vermieden werden, wenn die Patienten rechtzeitig täglich morgens und abends eine Tasse Weidenröschen-Tee aus frischen oder getrockneten Pflanzenteilen getrunken hätten. Selbst wenn Sie keine Beschwerden im Harnleiterbereich haben, sollten Sie öfter zu diesem Tee greifen. Viele Krankheitsherde sitzen dort oft unbemerkt. Die Ursache mancher Rückenschmerzen ist häufig nicht die Wirbelsäule selbst. Die Schmerzen können auch durch die Organe Nieren, Blase und Prostata verursacht werden. (Was diese kraftvolle Heilpflanze noch alles kann, lesen Sie bitte unter der Heilkräuterbeschreibung des Weidenröschens Lexikonteil auf Seite 63.)

Zinnkraut *(Equisetum arvense)*

Hilfe bei Harnleiter-Beschwerden

Gegen Beschwerden im Harnleiterbereich wächst für uns zusätzlich das **Zinnkraut**, auch **Ackerschachtelhalm** genannt. Es fördert unsere Gesundheit besonders in Form von Sitzbädern, Dunstumschlägen und Waschungen.

Gartenkräuter

Die blühenden Ranken der **Kapuzinerkresse** fehlen in kaum einem Garten. Wer ihre Blüten pflückt und ißt oder mit ihnen einen Salat garniert, versorgt seinen Körper reichlich mit Vitamin C und regt damit die Abwehrkräfte an.

Rosmarin braucht Licht und Wärme.

Rosmarin ist eine aromatische Heil- und Gewürzpflanze mit starkem Duft. Im Mittelalter glaubte man fest daran, daß sie einem zu ewiger Jugend verhelfen könne, wenn man nur viel davon verspeist. Im Sommer kann das Kraut in Töpfen im Freien gehalten werden. Da es sehr empfindlich auf Frost reagiert, muß es im Winter reingeholt werden. Für die Winterruhe ist ein heller Kellerraum (Temperatur nicht über 10 °C) geeignet. Damit der Ballen nicht austrocknet, sollte die Pflanze einmal im Monat sparsam gegossen werden.

Verwendet werden die Blätter und Triebe während der Blütezeit – frisch oder getrocknet. Als Gewürz regt es den Appetit an, stärkt den Magen und fördert die Verdauung. Wird es als Heilkraut (Tee, Tinktur, Badezusatz) eingesetzt, wirkt es zusätzlich kreislaufanregend, ausgleichend bei niedrigem Blutdruck, bei Gallenbeschwerden, krampflösend und antiseptisch. Neuesten Forschungsergebnissen zufolge ist Rosmarin ein typisches Frauenheilkraut, das bei Regelbeschwerden und Zyklusstörungen eingesetzt wird.

Tip

Die Heilkraft der **Ringelblumen** läßt jetzt nach. Die Pflanzen setzen oft Mehltau an. Pflücken Sie bei Sonnenschein alle Blüten und bewahren Sie diejenigen Blüten, die schon trocken sind, als Samen für den kommenden Frühling auf. Anschließend beseitigt man die ganze Pflanze, um anderen Pflanzen Platz zu verschaffen.

September

Nun beginnt der erste R-Monat, ein sogenannter Rheuma-Monat. Die Monate, die mit einem »R« enden, bereiten mit ihren kalten und feuchten Nächten all denjenigen Menschen Probleme, die an Erkrankungen des Bewegungapparates leiden.

Vorsicht vor kalten Nächten

Nachts sollte man nicht mehr bei offenem Fenster schlafen. Sonst hält die kalte Feuchtigkeit Einzug in Matratzen und Betten. Die Haut, die als größtes Organ unseren Körper wärmt und schützt, kann dann für den normalen Temperaturausgleich nicht mehr sorgen. Zusätzlich belastet das Einatmen der feuchtkalten Luft Bronchien und Schleimhäute. Der Schlafraum sollte nie zu warm sein: Zwischen 12 und 15 Grad liegt die ideale Temperatur. Es ist besser, das Fenster zum Lüften völlig zu öffnen, als es den ganzen Tag gekippt zu lassen. Das ist nur in den anderen Monaten ohne »R« von Mai bis August erlaubt.

Ein **Kräuterbad mit Zinnkraut** beugt allen Gelenkproblemen vor. (siehe auch Zinnkraut-Beschreibung auf Seite 67). Anschließend sollte man sich mit einem Kräuteröl einreiben. Es hilft gegen Verspannungen im Muskulaturbereich.

Was hilft bei Schlaflosigkeit?

Die langen Blütenzapfen vom Hopfen reifen jetzt. Wenn Sie sie als Tee abends vor dem Zubettgehen trinken, wird Schlaflosigkeit bald eine Fremdwort für sie sein. **Hopfen** beruhigt und wirkt schlaffördernd. Man sammelt nur die frischen Blütenzapfen, setzt sie als Tee an oder trocknet sie für

Was ist Rheuma?

Rheuma ist ein Sammelbegriff für eine Vielzahl von Krankheitserscheinungen, die sich vor allem am Bewegungapparat (Gelenke, Wirbelsäule, Muskulatur) zeigen. Über die Ursachen der verschiedenen Krankheitsformen ist wenig bekannt – mit Ausnahme des bakteriell bedingten rheumatischen Fiebers. Bei vielen Rheuma-Erkrankungen wird eine Fehlleistung der körpereigenen Abwehr vermutet, deren Ursache in der Ernährung liegt.

den Winter (nähere Hopfen-Beschreibung siehe auch Seite 49).

Vitamin-C-reiche Saftkur

Der **Holunder** erfreut uns im September mit seinen schwarzen Früchten, die als schwere Dolden am Strauch hängen. Sammeln Sie die schwarzen Holunderfrüchte, die reich sind an den Vitaminen C, A, B_{12} für Ihren Wintervorrat. Pflücken Sie die reifen Beere als Dolden mit dem Stiel und verarbeiten Sie diese zu Saft (Zubereitung siehe Seite 84). Täglich ein Glas **Holundersaft** wirkt vorbeugend gegen Erkältungskrankheiten und Bronchitis, aber auch blutreinigend und entspannend. Zusätzlich schenkt es Ihnen den erforderlichen Tagesbedarf an Vitamin C. Ein Vitamin, das wir täglich zu uns nehmen müssen, weil der Körper es nicht speichern kann. Aber auch die anderen Vitamine sind wichtig für uns: Vitamin A kräftigt die Augen, Vitamin B_{12} unterstützt das Nervensystem und die Funktionen der Haut.

Entschlacken und Entgiften

Der Herbst naht. Es ist wieder Zeit zum Entschlacken und Entgiften des Körpers, damit er gekräftigt in die Wintermonate gehen kann. Als Teekur empfehle ich Ihnen, zur Blutreinigung und zum Entwässerung ab sofort täglich für vier bis sechs Wochen einen Liter **Brennesseltee** zu trinken. Brühen Sie ihn morgens auf (vier Teelöffel auf einen Liter Wasser) und lassen Sie ihn nur eine Minute ziehen. Brennessel enthält alle Mineralsalze, die der Körper braucht, und ganz besonders Eisen. Dieses wirkt blutbildend und regt die Widerstandskräfte an.

Einen durchblutungsfördernden und muskulaturstärkenden Tee erhalten Sie, wenn Sie Hirtentäschel und Ringelblume im Verhältnis 1:1 mischen. Trinken Sie davon täglich zwei Tassen.

Eine Brennessel-Teekur hilft, den Körper zu entgiften.

Oktober

Im goldenen Oktober zeigt sich die Natur von ihrer farbenprächtigsten Seite. Das sich färbende Laub der Bäume läßt die Wälder in den unterschiedlichsten Gelb-, Orange- und Rottönen leuchten. Die Nächte werden immer kälter, der Stoffwechselhaushalt der Natur immer schwächer und die Blätter immer welker.

Oktober: Die ersten Winterboten kündigen sich an.

Nervenstärkung an trüben Tagen

Die Bäume stellen sich langsam auf den Winter ein, ebenso der Stoffwechsel in unserem Körper: Damit belastet er unser Nervensystem, vegetative Störungen und Depressionen stellen sich ein. Sollten Sie vor kurzem eine Brennesselkur gemacht haben, dann stärken Sie jetzt Ihr Nervensystem mit **Johanniskraut- und Hirtentäscheltee**, den sie im Verhältnis 1:1 mischen. Ein Teelöffel auf eine Teetasse, heiß überbrühen und fünf Minuten ziehen lassen. Trinken Sie diesen Tee im wöchentlichen Wechsel mit **Ehrenpreis** und **Pfefferminze**! Wenn Sie zwei Tassen täglich schluckweise zu sich nehmen, dann sind Sie auf die trüben Novembertage gut vorbereitet.

Magen- und Darmreinigung

Die **Schlehe** reinigt Magen und Darm und entlastet damit unseren Körper von Schlacken. Gleichzeitig wirkt sie blutreinigend. Die dunkelblauen Beeren sind pflückreif, wenn sie einen hellen Belag aufweisen. Aus den frischen reifen Früchten, die ab Mitte Oktober gepflückt werden, können Sie sich einen gesunden, wohlschmeckenden Likör zubereiten (Rezept siehe auf Seite 89). Wenn Sie täglich ein Glas davon morgens und

Schlehe *(Prunus spinosa)*

abends über die Wintermonate verteilt trinken, reinigen Sie damit Ihren Magen- und Darmbereich.

Die Anwendung von Heublumen

Ein im Backofen erwärmtes **Heublumenkissen** – auf erkrankte Körperstellen gelegt – löst Krämpfe und Verspannungen und wirkt entzündungshemmend. Es kann bei vielen Beschwerden eingesetzt werden: Gliederschmerzen, Unterleibsentzündungen, Verdauungsstörungen, Nieren- und Gallenkoliken oder Hexenschuß und Ischias. Bei rheumatischen Beschwerden oder Gelenkversteifungen empfiehlt sich ein durchblutungssteigerndes **Heublumenbad** (Zubereitung von Kräuterbadzusätzen und Heublumenkissen siehe Seite 86f.).

Hydrotherapie nach Kneipp

Unterstützen können Sie Ihren Körper auch mit **Warm- und Kaltanwendungen nach Kneipp** (Wechselduschen, Wassertreten). Dabei sollten Sie immer warm anfangen und kalt abschließen. Die sogenannte Hydrotherapie, die sich die Heilkraft des Wassers zunutze macht, sorgt für einen gesunden Kreislauf, reguliert das vegetative Nervensystem und normalisiert die Herztätigkeit. Außerdem regt sie das Stoffwechsel- und Verdauungssystem an.

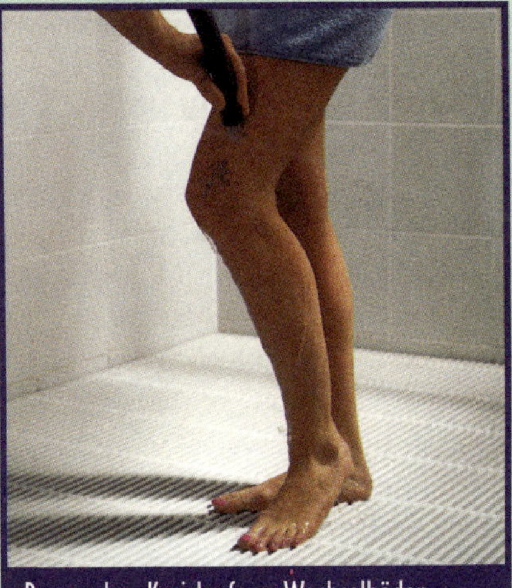

Regen den Kreislauf an: Wechselbäder.

November

Ein grauer, trüber, oft nebliger Monat beginnt und beeinflußt auch die Psyche des Menschen. Die labilen unter ihnen verfallen oft in Traurigkeit und Depression. Jetzt ist es besonders wichtig, etwas für unseren Körper zu tun, um sich wohler, ausgeglichener zu fühlen und Stimmungseinbrüchen entgegenzuwirken.

Trübe Novembertage belasten die Seele.

Wichtig: Bewegung und viel Flüssigkeit

Bewegungsmangel macht uns seelisch und körperlich krank – besonders Gelenke und Muskulatur leiden darunter. Er verursacht aber auch Durchblutungsstörungen, die wiederum schuld sein können beispielsweise an einer verminderten Konzentrationsfähigkeit. Bewegung ist also wichtig, aber auch, daß Sie viel trinken. Wieviel Flüssigkeit nehmen Sie am Tag zu sich? Rechnen Sie einmal nach: Erreichen Sie die Menge von zwei bis drei Litern? Wenn nicht, dann sollten Sie sich bemühen, bewußt so viel zu trinken. Geeignet sind vor allem Mineralwasser, Früchte- und Kräutertees ! Denn der Mensch besteht zu 60 Prozent aus Wasser und nutzt es als wichtigstes Transportmittel. Es dient dem Körper unter anderem dazu, Gifte auszuschwemmen und die Verdauung zu regeln.

Wer auf Dauer zuwenig trinkt, der kann beispielsweise mit diesen Folgen rechnen:

- Kopfschmerzen, weil der Körper nicht entgiftet wird;
- Übergewicht, weil der Stoffwechsel nicht funktionieren kann;
- Nieren und Blasenentzündungen, weil Bakterien nicht ausgeschwemmt werden;

- Durchblutungsstörungen im Kopf, weil das Herz mit zu wenig Flüssigkeit versorgt wird;
- Faltige Haut, weil die Hautzellen austrocknen. Denn die Haut kann sich nur von innen ernähren.

Ein guter Konzentrationstee, der gleichzeitig unseren Cholesterinhaushalt regelt, ist der **Ehrenpreistee.** Als Getränk, das heiß oder kalt getrunken werden kann, kann man sich einen Früchtetee aus Hibiskusblüten und getrockneten Apfel-, Orangen-, Zitronen und Hagebuttenstückchen. Falls Sie Holundersaft vorrätig haben, süßen Sie Ihren Tee damit. Er schmeckt köstlich.

Die Beeren der **Eberesche** sind jetzt reif. Sie enthalten reichlich Vitamin C, Sorbinsäure und Gerbstoffe. Sie wirken blutreinigend, besonders bei Gicht, Rheuma, Leber-, Galle- und Nierenerkrankungen. Sie können aus den Beeren dieses Baumes einen köstlichen Magenschnaps herstellen. Als Sirup wirkt er gut gegen Husten (Rezepte siehe Seite 85). Gegen alterungsbedingte Gefäßveränderungen gibt es viele vorbeugende Naturheilmittel in Apotheken, Drogerien und Reformhäusern zu kaufen. Sie enthalten meist Knoblauch, Mistel, Weißdorn oder Ginkgo.

Die Beeren der Eberesche – blutreinigend und reich an Vitamin C

Dezember

Nach einem Monat mit Nebel und viel Feuchtigkeit brechen nun kalte und frostige Zeiten an. Der erste Schnee fällt, die Tage werden immer kürzer und dunkler. All das beeinflußt unsere Seele. Die Düfte der Aromatherapie können sich günstig auf unser Wohlbefinden auswirken. Sie beleben, entspannen und stimulieren. Darüber hinaus wirken sie auch keimtötend.

Eisige Zeiten – auch für die Psyche

Die heilsamen Düfte der Aromatherapie

Wenn man vier bis acht Tropfen Duftöl ins Wasser einer Duftlampe gibt, dann verströmt der aufsteigende Dampf ein angenehmes Aroma. Die entströmenden Duftstoffe wirken auf unser vegetatives Nervensystem und damit auch harmonisierend auf den Körper ein. Sie entspannen und stabilisieren das seelische Gleichgewicht. Duftöle sind ätherische, also flüchtige Öle, die man aus verschiedenen Pflanzen durch Wasserdampf-Destillation gewinnt. Man sollte möglichst naturreine Essenzen nehmen, da synthetische Zusätze Allergien auslösen können. Die Advents- und Weihnachtszeit eignet sich besonders für die Aromatherapie. Wenn Sie einen speziellen Weihnachtsduft zaubern wollen, dann mischen Sie Orange-, Zimt- und Vanilleöl im Verhältnis 1:1. Da es sehr viele Öle auf dem Markt gibt, möchte ich Ihnen nur einige nennen, die vorbeugend heilend auf unsere Psyche und Atmungsorgane wirken:

- *Bei Erkältungen:* Eukalyptus, Strandkiefer, Thymian, Pfefferminze;
- *Bei depressiver Stimmung und zur Entspannung:* Rose, Jasmin, Lavendel, Ylang-Ylang, Orange, Zimt, Patchouly;

- *Gedächtnisstärkend:* Zitrone, Bergamotte, Vetiver, Ylang-Ylang, Geranie, Rosmarin.

Außerdem wirken diese Öle keimtötend im Raum, besitzen keine Nebenwirkungen und mobilisieren die Widerstandskräfte des Körpers.

Das **»Kräutertraumkissen«** ist eine weitere Variante der Aromatherapie. Man kann es fertig im Handel kaufen oder selber nähen. Wenn Sie den letzteren Weg wählen, dann füllen Sie einen einfachen Baumwollbeutel (ca. 20 x 25 Zentimeter groß) mit einer Mischung von gleichen Anteilen der Kräuter Rosmarin, Hopfen, Lavendel und Johanniskraut. Das Kissen darf nur zur Hälfte gefüllt sein. Denn die Kräuter müssen sich locker bewegen können. Es wird zum Einschlafen unter die Wange gelegt. Die Körperwärme setzt die »Kräuterdüfte« frei, die beruhigend, entspannend und schlaffördernd wirken. Wollen Sie Ihr Kräutertraumkissen verschönern, dann nähen Sie ihm doch aus einem hübschen Stoff einen Bezug, der an den Rändern ein bis zwei Zentimeter größer ist als das Kräuterkissen. Schließen Sie es mit einem Klettverschluß. Und schon besitzen Sie ein hübsches und gesundheitlich wertvolles Weihnachtsgeschenk.

Weitere Anwendungsmöglichkeiten der Aromatherapie

Poröse Keramik	Meist sind es kleine Gefäße, die sich mit dem Duftöl vollsaugen und sein Aroma für einige Wochen in den Raum abgeben. Man sollte solche Gefäße einmal monatlich nachfüllen.
Potpourris	Darunter versteht man mit Duftöl getränkte Blütenblätter und Pflanzenteile, die ihr Aroma im Zimmer verbreiten.
Parfümierte Hölzer und Steine	Sie erfüllen, wie viele andere Erzeugnisse zur Aromatherapie auch, den gleichen Zweck wie die vorgenannten Beispiele.

Notizen

Notizen

Notizen

Die wichtigsten heimischen Kräuter im Kurzporträt: Brennessel, Ehrenpreis, Frauenmantel, Hirtentäschel, Hopfen, Johanniskraut, Königskerze, Mistel,

Kräuterlexikon

Ringelblume, Schafgarbe, Spitzwegerich, Weidenröschen, Weißdorn, Zinnkraut, Bitterkräuter.

Die wichtigsten Heilkräuter und ihre Wirkungen

Brennessel	blutbildend, blutreinigend, entwässernd
Ehrenpreis	streßabbauend, gedächtnisstärkend, konzentrationsfördernd, schleimlösend bei Bronchitis, normalisiert den Cholesteringehalt
Frauenmantel	entzündungshemmend und krampflösend
Hirtentäschel	blutstillend, durchblutungsfördernd, gewebestärkend, normalisiert den Kreislauf
Hopfen	schlaffördernd und beruhigend
Johanniskraut	beruhigend, nervenstärkend, krampflösend, entzündungshemmend, antidepressiv
Königskerze	schleimlösend, hustenlindernd, beruhigend, entzündungshemmend (Kamillen-Ersatz)
Mistel	wirkt ausgleichend bei niedrigem und hohem Blutdruck, regt das Immunsystem an
Ringelblume	bei Magen- und Darmproblemen, verdauungsfördernd, entzündungshemmend, krampflösend, blutreinigend, durchblutungsfördernd (vor allem bei Krampfadern und Venenleiden)
Schafgarbe	krampflösend, entzündungshemmend, blutreinigend, stärkt die Abwehrkräfte
Spitzwegerich	hustenlindernd, schleimlösend, desinfizierend, wundheilend, stärkt die Abwehrkräfte
Weidenröschen, Kleinblütiges,	entzündungshemmend, entwässernd, zur Kräftigung von Niere, Blase und Prostata
Weißdorn	durchblutungsfördernd, kräftigt das Herz-Kreislaufsystem, wirkt regulierend auf den Blutdruck und bei Herzrhythmus-Störungen
Zinnkraut	krampflösend, muskulaturstärkend, blutstillend, durchblutungsfördernd, harntreibend

Kräuterlexikon

»Gegen jede Krankheit ist ein Kraut gewachsen. Wir nennen es Unkraut. Doch der Weise verachtet es nicht. Er nimmt es und nennt es Heilkraut.«

Wiesenkräuter: In ihnen stecken ungeahnte Kräfte.

Mit diesem Spruch beginnen meine Kräuterseminare. Tatsächlich betrachten die meisten Menschen wertvolle Heilpflanzen als unnütze Unkräuter, die man am besten schon beim Entstehen aus dem Gartenbeet entfernt. Doch damit verzichtet der Mensch auf viele Nähr- und Heilstoffe, die – sachgemäße Anwendung vorausgesetzt – den Körper von Schlacken und Giften befreien können. Sie wirken – je nach ihren Inhaltsstoffen – blutreinigend, entschlackend, entzündungshemmend, durchblutungsfördernd, gedächtnisstärkend, beruhigend, hustenlindernd oder krampflösend.

Die wichtigsten heimischen Heilkräuter

Heilkräuter kennt die Volksmedizin Europas unzählige. Nur wenigen wurde wissenschaftliche Anerkennung zuteil. Viele von ihnen wachsen ausschließlich in bestimmten, begrenzten Bereichen oder stehen gar unter Naturschutz. Sie alle richtig anzuwenden erfordert außergewöhnliche Sachkenntnis und würde die meisten Laien überfordern.
Dieses Buch stellt deshalb nur die vierzehn wichtigsten und meist wissenschaftlich anerkannten heimischen Heilkräuter vor. Sie müssen keine Pflanzen aus dem Ausland holen, um sich gesund zu erhalten. Das, was in unserer unmittelbaren Umgebung wächst, schenkt uns natürliche und größte

Heilkraft. Diese Kräuter sind wie wir Teil der Natur, leben und gedeihen unter den gleichen klimatischen Bedingungen wie der Mensch. Ihre Heilkräfte dienen den Bedürfnissen unseres Körpers am besten.

Heilende »Unkräuter«

Die meisten dieser Pflanzen sind als Unkräuter bekannt. Einzige Kulturpflanze ist die Ringelblume. Sie gilt als eine unserer wertvollsten Heilpflanzen, ersetzt sie doch die auf den Bergen wachsende Arnika völlig. Sie wird deshalb auch als »Arnika der Tiefebene« bezeichnet. Einmal ausgesät, bleibt sie treuer Gast in unseren Gärten und schenkt uns jedes Jahr aufs neue ihre wertvollen Blüten.

Die Ringelblume – ein hervorragender Ersatz für die Arnika.

Aus all diesen Heilkräutern kann man Tees, Salben, Tinkturen, Öle, Bäder, Auflagen und Kräuterkissen herstellen, wie dieses Buch noch ausführlich zeigen wird (mehr dazu siehe »Rezepte« S. 75ff).

Vom Umgang mit Kräutern

Ob frisch oder getrocknet – wie man Heilkräuter einsetzen möchte, hängt von der Jahreszeit und der jeweiligen Verfügbarkeit der Pflanze ab. Getrocknete Kräuter verlieren für die Dauer eines Jahres nichts von ihrer Wirksamkeit. Man darf sich getrost ihrer bedienen. Viel wichtiger ist der sachgerechte Umgang, und der beginnt schon beim Sammeln.

Sammeln der Kräuter

Wer seine Naturheilmittel nicht in Apotheken, Drogerien oder Spezialgeschäften einkaufen mag, den versorgt die Natur kostenlos mit wertvollen Kräutern. Wertvolle Hilfe beim Erkennen der Pflanzen leistet ein Bestimmungsbuch. Doch Vorsicht: In der Nähe von Straßen und Industrieanlagen so-

Die Natur: unsere Hausapotheke

wie intensiv genutzten und damit oft gespritzten landwirtschaftlichen Flächen wie Weinbergen oder Feldern sollte man nicht auf die Suche gehen. Solche Pflanzen könnten stark schadstoffbelastet sein. Zum Transport der möglichst mit einer Schere oder dem Messer frisch geschnittenen Kräuter eignen sich am besten luftdurchlässige Körbe oder Baumwollsäckchen. Plastiktüten dagegen sind ungeeignet, da die Pflanzen in ihnen rasch verderben können. Zum Sammeln sollte man sich einen trockenen, sonnigen Tag wählen. Regen- oder taunasse Blätter und Blüten haben im Korb übrigens nichts zu suchen. Denn nur an trockenen Tagen

ziehen die Wirkstoffe mit Hilfe des Sonnenlichts von der Wurzel in Blätter und Blüten.

Trocknen und Aufbewahren der Kräuter

Die frisch gesammelten Pflanzen nicht waschen, sonst gehen die wasserlöslichen Bestandteile zu schnell verloren. In einem mit Küchenkrepp ausgelegten Holz- oder Pappbehälter werden die zerkleinerten Pflanzenteile ausgebreitet und anschließend an einem luftigen, schattigen Ort (sehr wichtig!) langsam getrocknet. Es ist wichtig, daß die Pflanzen langsam und natürlich trocknen: Vermeiden Sie bitte deshalb elektrische Geräte, um den Trocknungsvorgang zu beschleunigen. Etwa zwei bis vier Wochen dauert es, bis die Kräuter und Blüten brechen oder bröseln, sobald man sie zwischen den Fingern reibt. Dann sind sie etwa ein Jahr lang haltbar.

Tip

In lichtgeschützten Glasgefäßen, in Pappkartons und Papiertüten lassen sich die Heilkräuter am besten aufbewahren. Das Beschriften der Behälter ist wichtig. Auch das Datum der Ernte sollte nie fehlen.

Die Wirkstoffe von Blüten, Blättern und Wurzeln

In Heilkräutern stecken die Vitamine A, B, C, D, E ebenso wie die Mineralsalze Eisen, Kalium, Kalzium, Magnesium, Phospor und Silicea (Kieselsäure). Stoffe, ohne die auch der menschliche Organismus nicht einwandfrei funktionieren kann. Fehlt nur einer von ihnen, reagiert der Körper mit Mangelerscheinungen. Weiter enthalten die Heilpflanzen Eiweiß, ätherische Öle, Bitter- und Gerbstoffe. Die ätherischen Öle wirken keimtötend, Gerbstoffe entzündungshemmend. Die Bitterstoffe dagegen regen den Sekretionsfluß in den Verdauungsorganen an. Um all diese wertvollen Inhaltsstoffe zu nutzen, stehen drei Methoden zur Auswahl:

- Wasserlösliche Wirkstoffe entfalten ihre Kraft am besten in Tees. Man kann die Kräuter heiß überbrühen, abkochen oder kalt ansetzen. Diese Methode eignet sich auch für Kräuterbäder und Dunstumschläge.
- Alkohollösliche Wirkstoffe entzieht man den Kräutern durch Übergießen zerkleinerter Pflanzenteile mit Alkohol. So entstehen Tinkturen und Essenzen.
- Fettlösliche Wirkstoffe lassen sich auf zweierlei Weise binden, in Öl und in Salbe.

Vitamine und Mineralien

Vitamin A (Beta-Carotin) wird zum Aufbau von Haut, Haaren und Fingernägel benötigt und sorgt für eine bessere Durchblutung der Augen. Die Gruppe der **B-Vitamine** (B_1, B_2, B_6, B_{12}) spricht das gesamte Nervensystem sowie den Stoffwechselhaushalt an. **Vitamin C** ist ein Energiespender, der nicht im Körper gespeichert wird und deshalb täglich zugeführt werden muß. Es stärkt das Immunsystem, stabilisiert das Bindegewebe, wirkt entgiftend und leicht abführend. Ein ausgesprochenes Knochenvitamin ist das **Vitamin D**. **Vitamin E** aktiviert den Energiestoffwechsel der Muskeln, verbessert die Sauerstoffversorgung der Zellen und fördert die Durchblutung. Unentbehrliche Bausteine für Zähne und Knochen sind **Kalzium** und **Phospor**. **Eisen** transportiert den Sauerstoff im Blut, steigert die Widerstandsfähigkeit gegen Krankheiten und beugt Erschöpfungszuständen vor. **Kalium** wirkt beruhigend und konzentrationsfördernd, baut Schadstoffe im Körper ab und reguliert den Wasserhaushalt. **Magnesium** ist krampflösend und wird für den Stoffwechsel von Kalzium, Vitamin C, Phosphor, Natrium und Kalium benötigt. Es wirkt gegen Streß und ist wichtig für das richtige Funktionieren von Muskeln und Nerven.

Brennessel (*Urtica dioica*)

Brennessel *(Urtica dioica)*

Sie brennt, wie ihr Name verrät, wenn man sie mit bloßen Händen pflückt. Aber ihr Wert für unsere Gesundheit ist mit Gold nicht zu bezahlen. Die Brennessel enthält viele Vitamine und alle Mineralsalze. Besonders reich ist sie an Eisen. Kein Unkrautvertilgungsmittel kann diese Pflanze verdrängen, so stark sind ihre Widerstandskräfte. Bei regelmäßiger Anwendung gibt sie diese Kräfte an uns weiter.

Standort	Die Brennessel ist in ganz Europa verbreitet. Man findet sie überall in unserer Natur auf stickstoff- und nährstoffreichen Böden.
Sammelzeit	Mai bis September.
Verwendete Pflanzenteile	Blätter und Stengel junger Triebe (am schmackhaftesten sind sie im Mai). Trocknen Sie die Blätter und Stengel für den Wintervorrat. Blätter und Stengel eignen sich getrocknet und frisch für Tees. Aus den Wurzeln stellt man Tinkturen her.
Inhaltsstoffe	Alle Mineralsalze, vor allem viel Eisen, Magnesium, Kalium, Calcium, Phosphor. Sie ist reich an Vitamin C und Chlorophyll.
Wirkung	Blutbildend, blutreinigend und stark entwässernd.
Heilanzeigen	Gegen Ermüdungszustände, bei Blutarmut und allen Bluterkrankungen, bei Rheuma, Gicht, Durchblutungsstörungen, bei Ekzemen bei Magen- und Darmproblemen, bei Stoffwechselstörungen, als Entschlackungskur im Frühjahr und Herbst.
Zubereitungsformen	Tee, Tinktur, Gemüse.

Die Anleitungen zur Herstellung von Kräuterpräparaten finden Sie im Kapitel »Rezepte« ab Seite 75ff.

Ehrenpreis *(Veronica officinalis)*

Ehrenpreis *(Veronica officinalis)*

Diese alte Heilpflanze schätzten schon die Römer. Und ein beinahe vergessener volkstümlicher Name für die Pflanze lautet »Allerweltsheil«, ein deutlicher Hinweis auf ihre Heilkraft. Wenn Sie täglich nur zwei Tassen Ehrenpreistee trinken, regelt die Pflanze Ihren Cholesterinhaushalt. Streß und falsche Ernährung können den Cholesteringehalt gesundheitsgefährdend erhöhen. Ich nenne den Ehrenpreistee deshalb auch den Anti-Streß-, Manager- oder Konzentrationstee.

Standort	Der Ehrenpreis wächst überall in ganz Europa an warmen trockenen Plätzen. Aber die heilkräftigsten Pflanzen gedeihen an Waldrändern und unter Eichen.
Sammelzeit	Mai bis August.
Verwendete Pflanzenteile	Das obere blühende Drittel.
Inhaltsstoffe	Ätherische Öle, Bitterstoffe, Gerbstoffe.
Wirkung	Ehrenpreis stärkt das Gedächtnis, fördert die Konzentration und wirkt schleimlösend bei Bronchitis. Das Kraut unterstützt den Kreislauf besonders in der Region zwischen Herz und Gehirn und normalisiert den Cholesteringehalt.
Heilanzeigen	In allen Streßsituationen, bei Nervosität, bei Gedächtnislücken bei Arterienverkalkung, Sodbrennen und Magenbeschwerden.
Zubereitungsformen	Tee, Tinktur.

Die Anleitungen zur Herstellung von Kräuterpräparaten finden Sie im Kapitel »Rezepte« ab Seite 75ff.

Frauenmantel (*Alchemilla vulgaris*)

Frauenmantel *(Alchemilla vulgaris)*

Der Frauenmanteltee ist ein ausgesprochener Frauentee, der besonders bei Erkrankungen des Unterleibes, bei zu starken Monatsblutungen oder Weißfluß getrunken werden sollte. Aber auch bei nervösen Darmbeschwerden und Blähungen hat dieser Tee schon seine große Heilkraft bewiesen.

Standort	Das Kraut mit seiner gelben, unscheinbaren Blüte wächst überall in Europa, bevorzugt auf mageren Wiesen, Weiden und an Wegrändern.
Sammelzeit	Mai bis September.
Verwendete Pflanzenteile	In der Blütezeit von Mai bis Juni das obere blühende Drittel der Pflanze, ansonsten nur die Blätter.
Inhaltsstoffe	Ätherische Öle, Gerbstoffe.
Wirkung	Entzündungshemmend und krampflösend.
Heilanzeigen	Bei allen Beschwerden, die mit dem Unterleib zusammenhängen, wie Menstruationsbeschwerden, Eierstockentzündungen, Problemen mit der Gebärmutter, Weißfluß, in den Wechseljahren.
Zubereitungsformen	Tee, Tinktur, Kräuterbad, Kräuterauflage.

Die Anleitungen zur Herstellung von Kräuterpräparaten finden Sie im Kapitel »Rezepte« ab Seite 75ff.

Hirtentäschel (*Capsella bursa – pastoris*)

Hirtentäschel *(Capsella bursa – pastoris)*

Das Hirtentäschel gehört zu den Pflanzen, deren Aussehen schon den entscheidenden Hinweis auf seine Heilwirkung zu geben scheinen: Aus den kleinen weißen Blüten an einem hohen schlanken Stengel bilden sich flache Früchte in Form eines Herzens. Auch das Herz des Menschen besteht aus einem starken Muskel. Der Fingerzeig der Natur auf die muskulaturkräftigende Wirkung des Hirtentäschel ist damit kaum zu übersehen. Diese Pflanze löst bei regelmäßiger Anwendung alle Muskulaturprobleme.

Standort	Hirtentäschel ist überall in der Natur zu finden. Es beginnt schon sehr zeitig im Frühjahr zu wachsen, und man findet es bis spät in den Herbst hinein in ganz Europa.
Sammelzeit	März bis November.
Verwendete Pflanzenteile	Das ganze blühende Kraut.
Inhaltsstoffe	Cholin, Tyramin, Gerbstoffe, Flavonoide, Saponine, ätherisches Öl, Vitamin C.
Wirkung	Blutstillend, durchblutungsfördernd, kreislaufnormalisierend, gewebestärkend.
Heilanzeigen	Hilft bei allen Blutungen, besonders nach Geburten und Unterleibsoperationen. Es stärkt das Bindegewebe, beugt Senkungen vor, wirkt blutdruckausgleichend, muskulaturstärkend und bei Beschwerden im Unterleib.
Zubereitungsformen	Tee, Tinktur, Kräutersitzbad, Dunstauflage.

Die Anleitungen zur Herstellung von Kräuterpräparaten finden Sie im Kapitel »Rezepte« ab Seite 75ff.

Hopfen ***(Humulus lupulus)***

Hopfen *(Humulus lupulus)*

Schlafstörungen, besonders Einschlafschwierigkeiten, machen unserem Körper schwer zu schaffen. Nur gut, daß es da den Hopfen gibt. Kurz vor dem Schlafengehen getrunken, hilft er bei diesen Problemen. Die rauhhaarige Schlingpflanze kann eine Höhe bis zu fünf Metern erreichen.

Standort	Der Hopfen wächst an feuchten Hecken und Gebüschen.
Sammelzeit	September.
Verwendete Pflanzenteile	Zapfen.
Inhaltsstoffe	Ätherische Öle, Gerbsäure, Bitterstoffe Lupulon, Humulon.
Wirkung	Hopfen wirkt schlaffördernd und beruhigend, harntreibend und verdauungsfördernd.
Anwendungs-gebiete	Gegen Schlafstörungen, Nervosität, bei nervösen Darm- und Magenleiden, Gicht und Rheuma.
Zubereitungs-formen	Tee, Schlafkissen, Badezusatz.

Die Anleitungen zur Herstellung von Kräuterpräparaten finden Sie im Kapitel »Rezepte« ab Seite 75ff.

Johanniskraut (*Hypericum perforatum*)

Johanniskraut *(Hypericum perforatum)*

Am 24. Juni feiern wir den katholischen Namenstag Johanni. Er leitet auch die Blüte des Johanniskrautes ein: Dann öffnen sich leuchtendgelbe Blütenstrahlen der Sonne entgegen. Das Kraut ist eine seit vielen Jahrhunderten bekannte Heilpflanze, die ganz besonders auf unser empfindliches Nervensystem wirkt.

Standort	Johanniskraut bevorzugt warme und sonnige Plätze (Wiesen, Feld- und Wegränder). Reibt man die gelben Blüten des Krautes zwischen den Finger, so tritt ein rotes Öl aus – ein sicheres Erkennungsmerkmal der Pflanze. Außerdem besitzen ihre Blätter feine Drüsen, die man erkennt, wenn man sie gegen das Licht hält.
Sammelzeit	Juni bis September.
Verwendete Pflanzenteile	Das obere Drittel der Pflanze.
Inhaltsstoffe	Ätherische Öle, Gerbstoffe, roter Farbstoff (Hypericin).
Wirkung	Johanniskraut wirkt stets beruhigend, gleichgültig, ob man es innerlich und äußerlich anwendet. Darüber hinaus wirkt es krampflösend, entzündungshemmend, heilend, antidepressiv.
Anwendungsgebiete	Depressionen, bei Nervenkrankheiten, bei Magen- und Darmbeschwerden als Wundmittel; als Öl gegen Sonnenbrand, Hexenschuß, Ischias und andere Verspannungsschmerzen.
Zubereitungsformen	Tee, Sitzbad, Auflage, Öl.

Die Anleitungen zur Herstellung von Kräuterpräparaten finden Sie im Kapitel »Rezepte« ab Seite 75ff.

Königskerze ***(Verbascum thapsiforme)***

Königskerze *(Verbascum thapsiforme)*

Die Großblättrige Königskerze ragt majestätisch mit ihren gelben, langen Blütensporen in die Höhe, an ihrem Fuß gehalten von großen, breiten, elliptischen Blättern. Die Königskerze kann eine Höhe von 150 Zentimetern erreichen und ist dank ihrer leuchtenden Blüten schon von weitem erkennbar.

Standort	Sie liebt die Sonne über alles. Man findet sie an Wegrändern, auf Schuttplätzen und sogar als Kulturpflanze im Garten.
Sammelzeit	Juni bis September.
Verwendete Pflanzenteile	Blüten.
Inhaltsstoffe	Flavonoide, Bitterstoffe, Saponine, ätherisches Öl.
Wirkung	Stark schleimlösend, hustenlindernd, beruhigend, entzündungshemmend.
Anwendungsgebiet	Bei hartnäckigem Husten, Bronchitis, Keuchhusten, bei krampfartigen Verdauungsbeschwerden, Magen- und Darmkrämpfen, Augenentzündungen, Wunden, Ekzemen.
Zubereitungsformen	Tee, Kompresse, Öl.

Tip

Die Königskerze ist ein guter Kamilleersatz. Da die Kamille mit ihrem Azulen als Inhaltsstoff allergieauslösend wirken kann, bietet sich mit dieser Pflanze eine gute Ausweichmöglichkeit an.

Die Anleitungen zur Herstellung von Kräuterpräparaten finden Sie im Kapitel »Rezepte« ab Seite 75ff.

Mistel ***(Viscum album)***

Mistel *(Viscum album)*

Auf die Kraft dieser Heilpflanze sollte man nicht verzichten. Sie reguliert zu hohen wie zu niedrigen Blutdruck und erfüllt damit eine wichtige Funktion für unseren Körper. Da Misteln sehr hoch in den Bäumen wachsen, sind sie zum Sammeln ungeeignet. Apotheken, Kräuterläden und Drogerien bieten fertige Tees an, auf die man zurückgreifen sollte.

Standort	Die Mistel wächst auf Laub- und Obstbäumen.
Sammelzeit	Dezember bis Februar.
Verwendete Pflanzenteile	Die geschnittenen Blätter und Stiele.
Inhaltsstoffe	Protein Lektin (Eiweißstoff).
Wirkung	Regt das Immunsystem an, gleicht hohen und niedrigen Blutdruck aus.
Heilanzeigen	Blutdruckausgleichend, bei Arterienverkalkung und Kreislaufbeschwerden, gegen Hysterie (besonders in den Wechseljahren), Epilepsie, innere Blutungen, bei geschwächten Abwehrkräften zur Stärkung des Immunsystems.
Zubereitungsform	Tee.

Tip

Eine Tasse Misteltee täglich kann man über einen langen Zeitraum hinweg trinken. Er beginnt zwar erst nach zwei Wochen des Teetrinkens zu wirken. Doch setzt man ihn ab, hält der blutdruckregulierende Effekt noch mehrere Wochen an.

Die Anleitungen zur Herstellung von Kräuterpräparaten finden Sie im Kapitel »Rezepte« ab Seite 75ff.

Ringelblume ***(Calendula officinalis)***

Ringelblume *(Calendula officinalis)*

»Die Arnika der Tiefebene« hat eine starke Heilwirkung. Man findet sie nicht in der freien Natur, sondern als Kulturpflanze im Garten.

Standort Als Kulturpflanze wird sie ab April im Garten ausgesät. Sie stellt keine Ansprüche und wächst auf jedem Boden. Sie liebt sonnige Standorte.

Sammelzeit Mai bis September an sonnigen Tagen (nur dann steigen die Wirkstoffe in die Blüten).

Verwendete Pflanzenteile Blütenköpfe oder getrocknete Blütenblätter.

Inhaltsstoffe Ätherisches Öl, Bitterstoffe, Saponin.

Wirkung Entzündungshemmend, krampflösend, blutreinigend, verdauungs- und durchblutungsfördernd, wundheilend, juckreizlindernd.

Heilanzeigen Bei allen Beschwerden im Magen- und Darmbereich. Ringelblume wirkt auf die Bauchspeicheldrüse, hilft bei Krampfadern, Venenentzündungen, Geschwüren, Entzündungen, offenen Wunden.

Zubereitungsformen Tee, Öl, Tinktur, Salbe, Saft, Kräuterbad.

Tip

Sollten Ringelblumen bei Ihnen im Garten wachsen, dann nutzen Sie die Gelegenheit: Pflücken Sie sich täglich zwei ganze Blütenköpfe und zerkauen Sie sie langsam. Sie sichern sich so die ungeschmälerte Heilkraft der Pflanze und erhalten ein wirkungsvolles Vorbeugungsmittel für den Magen- und Darmbereich.

Die Anleitungen zur Herstellung von Kräuterpräparaten finden Sie im Kapitel »Rezepte« ab Seite 75ff.

Schafgarbe *(Achillea millefolium)*

Schafgarbe *(Achillea millefolium)*

Sie gehört zu den ältesten Heilpflanzen, und wir sollten ihren Tee auch in beschwerdefreien Tagen einmal in der Woche trinken. Er unterstützt wirkungsvoll unseren Stoffwechselhaushalt und die Funktionen von Leber, Galle, Milz, Nieren, Magen und Darm. Alle Leberleiden sollten mit Schafgarbe behandelt werden. Aber auch bei allen Erkrankungen des weiblichen Unterleibs sind gute Erfolge zu erzielen, so daß ich ihn auch als Frauentee bezeichnen möchte.

Standort	Überall auf Wiesen und Feldern. Die Wirkungen der weißen und der leicht rosa blühenden Arten sind beide gleich stark.
Sammelzeit	Bei Sonnenschein in der Zeit von Juni bis Oktober.
Verwendete Pflanzenteile	Die Blütendolde oder das ganze Kraut.
Inhaltsstoffe	Ätherisches Öl, Bitterstoffe, Gerbstoffe.
Wirkung	Entzündungshemmend, krampflösend, blutreinigend, stärkt die Abwehrkräfte.
Heilanzeigen	Bei allen Unterleibserkrankungen, Leberleiden, Gallenprobleme, Blähungen, Krämpfen, Magen- und Darmproblemen, Wechseljahren, Hämorrhoiden, als Sitzbad bei Eierstock- und Unterleibsentzündungen.
Zubereitungsformen	Tee, Saft, Tinktur, Sitzbad.

Die Anleitungen zur Herstellung von Kräuterpräparaten finden Sie im Kapitel »Rezepte« ab Seite 75ff.

Spitzwegerich *(Plantago lanceolata)*

Spitzwegerich *(Plantago lanceolata)*

Der Spitzwegerich wird auch als »Antibiotikum in der Naturheilkunde« bezeichnet. Man erkennt das Kraut an seinen schmalen, langen lanzettförmigen Blättern, aus deren Mitte ab Mai ein aufrechter Blütenschaft mit kugeliger Blütenähre wächst. Seine stärkste Heilkraft entfaltet der Spitzwegerich zur Blütezeit. Richtig eingesetzt, kann der Spitzwegerich so manche Krankheit heilen.

Standort Er wächst an allen Wegrändern, auf Wiesen, in Gräben und auf Ödland.

Sammelzeit Juni bis September.

Verwendete Pflanzenteile Nur die Blätter.

Inhaltsstoffe Gerbstoffe, Saponine, Glykosid Aucubin.

Wirkung Hustenlindernd, schleimlösend, desinfizierend, wundheilend, stärkt die Abwehrkräfte.

Heilanzeigen Bei Erkältungen, bei allen Erkrankungen der Atmungsorgane, wie Husten, Asthma und vielem mehr. Bei Magen- und Darmkatarrhen. Als Wundkraut vor allem bei frischen Wunden wie Schürf- und Schnittwunden, offenen Wunden, Blasen an den Füßen und Händen.

Zubereitungsformen Tee, Tinktur, Salbe, Saft, Sirup, Blätterauflagen.

Schnelle Hilfe

Bei Verletzungen kann man ein bis zwei Spitzwegerichblätter zwischen den Fingern zerreiben, bis der Saft austritt und die Verletzung damit desinfizieren. Bei Blasen an den Füßen ein zerquetschtes Blatt auflegen und mit einem Pflaster befestigen.

Die Anleitungen zur Herstellung von Kräuterpräparaten finden Sie im Kapitel »Rezepte« ab Seite 75ff.

Weidenröschen, Kleinblütiges
(Epilobium parriflorum)

Weidenröschen, Kleinblütiges
(Epilobium parriflorum)

Wer die Heilkraft dieser Pflanze an sich selbst erfahren hat, der spricht meist von einer Art Wunder. Manche Prostataoperation konnte dank des Kleinblütigen Weidenröschens vermieden werden. Seine wohltuende Wirkung im Nieren-, Blasen- und Prostatabereich ist mit Geld nicht zu bezahlen. Das Kraut lindert Entzündungen, Brennen im Blasenbereich und Vergrößerungen der Prostata.

Von dieser Pflanze gibt es viele Arten. Für die Naturmedizin ist nur das Kleinblütige Weidenröschen mit den winzigen hellrosa Blüten in der Spitze des Stengels von Bedeutung.

Standort	An Wiesen und Feldwegen, an feuchten Stellen und Bachläufen in ganz Europa.
Sammelzeit	Juli bis September.
Verwendete Pflanzenteile	Stengel, Blätter, Blüten und Fruchtstände.
Inhaltsstoffe	Ätherische Öle.
Wirkung	Entzündungshemmend, entwässernd.
Heilanzeigen	Lindert Entzündungen, Brennen im Blasenbereich, kräftigt Niere, Blase und Prostata.
Zubereitungsformen	Seine ganze Heilkraft entfaltet sich im Tee. Wichtig ist, daß man bei starker Erkrankung täglich morgens und abends jeweils eine Tasse Weidenröschen-Tee trinkt. Vorbeugend eingenommen stärkt er die erkrankten Organe.

Die Anleitungen zur Herstellung von Kräuterpräparaten finden Sie im Kapitel »Rezepte« ab Seite 75ff.

Weißdorn (*Crataegus oxyacantha*)

Weißdorn *(Crataegus oxyacantha)*

Der Weißdorn begegnet uns an vielen Wegen und Waldrändern. Gerne wächst er in der Nachbarschaft von Schlehen. Blätter, Blüten und die roten Früchte unterstützen ohne Nebenwirkungen unser Herz- und Kreislaufsystem und lindern sogenannte Streßbeschwerden. Eine vorbeugende Behandlung mit Weißdorn in Form von Tee oder Tinktur (Fertigpräparat) ist immer sinnvoll.

> **Tip**
>
> Fertigpräparate in Verbindung mit Mistel ergänzen sich gut. Sie wirken zusätzlich blutdruckregulierend.

Standort Die bis zu fünf Meter hohen Sträucher finden sich meist in Form von Hecken an Wegrändern, an Laubwaldrändern, in Gärten und auf Feldern ganz Mitteleuropas.

Sammelzeit Blüten und Blätter von Mai bis Juni, Früchte von September bis November.

Verwendete Pflanzenteile Blüten und Blätter im Frühjahr und die Früchte im Herbst.

Inhaltsstoffe Ätherische Öle, herzwirksame Glykoside, Saponine, Crataegussäure, Flavonoide.

Wirkung Durchblutungsfördernd, reguliert den Blutdruck und Herzrhythmus-Störungen, kräftigt Herz und Kreislauf.

Heilanzeigen Bei allen Herz- und Kreislaufbeschwerden, Streßsituationen, Arterienverkalkung.

Zubereitungsformen Tee, Tinktur.

Die Anleitungen zur Herstellung von Kräuterpräparaten finden Sie im Kapitel »Rezepte« ab Seite 75ff.

Zinnkraut/Ackerschachtelhalm
(Equisetum arvense)

Zinnkraut/Ackerschachtelhalm
(Equisetum arvense)

Das Aussehen des Zinnkrautes erinnert an die Wirbelsäule des Menschen und weist so auch auf seine Heilwirkung hin: Die Pflanze löst Muskelverspannungen im Rücken- und Halsbereich sowie Verkrampfungen von Niere und Blase. Bei diesen Problemen helfen mehrmals wöchentliche Kräutersitzbäder sowie regelmäßiges Trinken von Zinnkrauttee zur Unterstützung.

Standort	Auf lehmigen, trockenen Ackerböden, an Bahndämmen und trockenen Böschungen.
Sammelzeit	Mai bis September.
Verwendete Pflanzenteile	Die ganze Pflanze.
Inhaltsstoffe	Reichlich Kieselsäure und Magnesium, Saponin.
Wirkung	Krampflösend, muskulaturstärkend, blutstillend, durchblutungsfördernd, harntreibend.
Heilanzeigen	Bei allen Rücken- und Bandscheibenproblemen, bei Nieren und Blasenleiden, sofern sie ihre Ursache in Verkrampfungen und Verspannungen haben.
Zubereitungsformen	Tee, Abkochung (entzündungshemmend und wundheilend von innen wie von außen), Kräutersitzbäder, Dunstumschläge und Waschungen (wirken durch den Kieselsäuregehalt bei Ekzemen und offenen Wunden entzündungshemmend und heilend).

Die Anleitungen zur Herstellung von Kräuterpräparaten finden Sie im Kapitel »Rezepte« ab Seite 75ff.

Bitterkräuter

Bitterkräuter sind eine Mischung verschiedener Kräuter in unterschiedlicher Zusammensetzung – sie wachsen so nicht in Gärten. Ich persönlich arbeite seit Jahren mit großem Erfolg mit der Bitterkräuter-Tinktur und konnte damit schon vielen Freunden helfen. Aus diesem Grund habe ich sie hier mit aufgenommen. Sie werden auch im Krankheitsregister immer wieder auf sie stoßen.

Sie enthalten Süßholzwurzeln, Angelikawurzeln, Zitwerwurzeln, Eberwurzeln, Holunderblüten, Fenchel, Theriak, Myrrhe, Manna und Wermutkraut. Sie sind vergleichbar mit den sogenannten »Schwedenkräutern«, von denen ich aber abraten möchte, da in ihnen stark abführende Heilkräuter enthalten sind (Aloe, Faulbaumrinde, Sennesblätter oder -schoten, Rhabarberwurzel). Bei längerem Gebrauch können sich Nebenwirkungen in Form von Mineralienverlust einstellen. So kann Kalium- oder Magnesiumverlust zu Wadenkrämpfen und Herzrhythmus-Störungen führen.

Bitterkräuter können unbedenklich morgens und abends in der unten beschriebenen Dosis eingenommen werden, vorausgesetzt, man verdünnt sie mit Wasser. Dann sorgen sie dafür, daß der Darm stets funktionsbereit ist – was Abführmittel nicht erreichen können...

Die fertige Kräutermischung können Sie in Apotheken, Drogerien und Kräuterläden kaufen. Setzen Sie diese mit 38 %igem Korn an und lassen Sie die Tinktur 14 Tage ziehen. Anschließend sieben und filtern. Sie können die Tinktur aber auch fertig kaufen.

Wir verwenden ausschließlich die Tinktur! Zur Vorbeugung trinkt man morgens vor dem Frühstück und abends vor dem Schlafengehen jeweils einen Teelöffel voll Bitterkräuter-Tinktur, die man mit einem Schnapsglas Wasser verdünnt hat.

Wirkung und Heilanzeigen

innerlich:
Bitterkräuter wirken verdauungsanregend und schlaffördernd. Sie regen die Bauchspeicheldrüse an (Diabetiker!), entschlacken den Körper, unterstützen Leber und Galle, regen die Nierentätigkeit an, beschleunigen den Stoffwechsel, stärken die Leistungsfähigkeit, helfen bei Konzentrationsschwäche, unterstützen den Kreislauf, lindern Gicht und rheumatische Beschwerden. Wichtig: Nur verdünnt einnehmen!

äußerlich:
Hier wirken sie entzündungshemmend, desinfizierend, krampflösend und schleimhautabschwellend. Wichtig: unverdünnt verwenden.

Zum Desinfizieren aller Wunden. Betupfen Sie beim ersten Anzeichen damit Pickel, Geschwüre, Herpes. Bei Krämpfen, Schmerzen sowie Beschwerden im Bereich der Kiefern- und Stirnhöhlen verwenden Sie die Bitterkräuter als Auflage: Sie tränken ein Stück Gaze mit der Tinktur, legen es auf die schmerzende Stelle und decken es mit Plastik ab, damit es nicht eintrocknet, und legen ein Wolltuch darüber. Warm halten!

Bei Schnupfen ersparen Sie sich Nasentropfen, wenn Sie Wattekügelchen mit der Tinktur tränken und in die Nasenlöcher stecken. Sie lassen die Schleimhäute abschwellen, und Sie können wieder frei atmen.

Doch für alle Kräuter in diesem Buch gilt das eherne Gesetz der Naturmedizin: **Nur wer sie regelmäßig anwendet, kann auch in den Genuß ihrer Heilkraft kommen.**

Notizen

Notizen

Notizen

Einfache Rezepte für Ihre Gesundheit: Kräutertees, Tinkturen,

Rezepte

Kräuteröle, Salben, Sirup, Säfte & Liköre, Badezusätze, Dunstauflagen, Kräuterkissen.

Herstellen und Anwenden eigener Naturheilmittel

Viele Naturheilmittel lassen sich ohne großen Aufwand auch selbst herstellen. Die Zubereitung von Tees, Tinkturen, Salben, Säften, Kräuterzusätzen etc. ist jeweils in einem Grundrezept aufgeführt. Dieses können Sie durch Zugabe anderer Zutaten entsprechend abwandeln und so z.B. Ihre spezielle Teemischung zubereiten oder neue Saftrezepte erproben. Zusätzlich werden Rezepte für unterschiedlichste Anwendungsbereiche vorgestellt – Nachahmung erwünscht.

Kräuterpräparate: Gesundheit aus der Natur

Kräutertee-Grundrezept

Zubereitung:

Auf die richtige Dosierung kommt es an. Man rechnet eine Handvoll frischer Kräuter oder einen Teelöffel getrocknete Kräuter (das entspricht auch der Menge, die man mit drei Fingern nehmen kann) auf eine Teetasse. Mit etwa 1/4 Liter kochendem Wasser übergießen. 5 Minuten ziehen lassen und abseihen. Eine Ausnahme bildet die Brennessel, ihr Tee darf höchstens eine Minute ziehen.

Bei bestimmten Kräutern wie der Mistel ist der sogenannte Kaltansatz zu empfehlen. Die in kaltem Wasser eingeweichten Mistelblätter bleiben zehn bis zwölf Stunden stehen.

Tip

Den durchgesiebten Sud trinkt man am besten ungesüßt, da Zucker dem Tee einen Teil seiner Wirkung nimmt. Wer dennoch auf das Süßen nicht verzichten möchte, sollte deshalb nur Honig nehmen.

Blähungstee

Zubereitung und Dosierung:
Anis, Fenchel, Pfefferminze, Schafgarbe, Salbei und Ringelblume im Verhältnis 1:1 mischen. Auf eine Tasse Tee rechnet man einen Teelöffel getrocknete Kräuter. Die Kräuter mit kochendem Wasser überbrühen und fünf Minuten ziehen lassen. Anschließend abseihen. Vor dem Essen jeweils eine Tasse schluckweise trinken.

Blutreinigungs- und Entschlackungstee

Zubereitung und Dosierung:
Mischen Sie im Verhältnis 1:1 Ringelblume, Schafgarbe und Brennessel. Für einen Liter Tee benötigen Sie 4 Teelöffel getrocknete Kräuter oder vier Handvoll frischer Kräuter, die Sie mit einem Liter kochendem Wasser übergießen. Drei bis fünf Minuten ziehen lassen. Täglich zwei Tassen trinken.

Tip

Bei einer kurähnlichen Anwendung empfiehlt es sich, vier bis sechs Wochen lang täglich einen Liter des gewünschten Tees über den Tag verteilt zu trinken. Das fördert Reinigung, Entschlackung und Entgiftung des Körpers.

Mistel-Teekur

Entweder trinkt man drei Monate lang jeden Tag eine Tasse, oder man macht eine sechwöchige Kur, die wie folgt ablaufen sollte: Man nimmt drei Wochen lang drei Tassen täglich zu sich, dann zwei Wochen lang zwei Tassen pro Tag. In der letzten Woche reduziert man auf eine Tasse täglich.

Misteltee

Zubereitung und Dosierung:
Wichtig: Dieser Tee muß kalt angesetzt werden! Dazu gibt man einen Eßlöffel Kraut in eine Teetasse, gießt mit kaltem Wasser auf und läßt den Tee zehn bis zwölf Stunden ziehen. Dieser Tee reguliert den Blutdruck, stärkt das Immunsystem und hilft bei Kreislaufbeschwerden. Man trinkt ihn schluckweise über den Tag verteilt.

Erkältungstee

Zubereitung und Dosierung:
Spitzwegerich, Salbei, Ringelblume und Thymian zu gleichen Teilen mischen. Mit kochendem Wasser überbrühen und fünf Minuten ziehen lassen. Mehrere Tassen am Tag, möglichst heiß, trinken.

Bronchitis-Teemischung

Zubereitung und Dosierung:
Spitzwegerich, Huflattich, Königskerze, Süßholzwurzel und Thymian im Verhältnis 1:1 mischen und mit kochendem Wasser überbrühen. Drei bis fünf Minuten ziehen lassen. Täglich mehrere Tassen, möglichst heiß, trinken.

Asthmatee

Zubereitung und Dosierung:
Königskerze, Thymian, Sonnenhut (Echinacea) und Süßholzwurzel zu gleichen Teilen mischen. Einen Teelöffel getrocknete Kräuter mit einem viertel Liter kochendem Wasser übergießen. Nach drei bis fünf Minuten abseihen. Täglich mehrere Tassen, möglichst heiß, trinken.

Frauentee

Zubereitung und Dosierung:
Kräuter von Schafgarbe und Frauenmantel im Verhältnis 1:1 mischen. Einen Teelöffel getrocknete oder eine lockere Handvoll frischer Kräuter in einer Teetasse mit einem viertel Liter Wasser überbrühen und drei bis fünf Minuten ziehen lassen. Davon trinken Sie zwei Tassen täglich.

Eine Teemischung aus Schafgarbe und Frauenmantel hilft bei Unterleibsbeschwerden.

Leber-Gallen-Tee

Zubereitung und Dosierung:
Kräuter von Schafgarbe, Ringelblume, Wermut und Ehrenpreis zu gleichen Teilen mischen. Für einen halben Liter Tee zwei Teelöffel Kräuter in einer Kanne mit kochendem Wasser übergießen und fünf Minuten ziehen lassen. Zwei bis drei Tassen schluckweise trinken.

Nerven- und Schlaftee

Zubereitung und Dosierung:
Hopfen, Johanniskraut, Fenchel, Lavendel und Baldrian im Verhältnis 1:1 mischen. Einen Teelöffel Kräuter in einer Tasse mit einem viertel Liter kochendem Wasser überbrühen und fünf Minuten ziehen lassen.
Täglich eine Tasse am Abend trinken.

Beruhigende Teemischung

Zubereitung und Dosierung:
Frisches Johanniskraut und frische Melisse im Verhältnis 1:1 mischen. Zwei Handvoll davon mit einem halben Liter kochendem Wasser überbrühen und drei bis fünf Minuten ziehen lassen.
Täglich zwei Tassen tinken.

Hopfentee gegen Schlafstörungen

Zubereitung und Dosierung:
Einen Teelöffel getrocknete oder eine lockere Handvoll frischer Kräuter vom Hopfen in einer Teetasse mit einem viertel Liter Wasser überbrühen. Drei bis fünf Minuten ziehen lassen.
Dieser Tee sollte nur abends, kurz vor dem Schlafengehen, getrunken werden!

Ehrenpreis-Teekur

Bei einer kurmäßigen Anwendung trinkt man täglich einen Liter Ehrenpreistee tassenweise über den Tag verteilt.
Die Dauer der Teekur sollte vier bis sechs Wochen betragen.

Anti-Streß-Tee mit Ehrenpreis

Zubereitung und Dosierung:
Einen Teelöffel getrocknete oder eine lockere Handvoll frischer Kräuter in einer Teetasse mit einem viertel Liter Wasser überbrühen und drei bis fünf Minuten ziehen lassen. Zwei Tassen täglich trinken.

Brennessel-Entschlackungstee

Zubereitung und Dosierung:
Einen Teelöffel getrocknete oder eine lockere Handvoll frischer Brennessel-Kräuter in einer Teetasse mit einem viertel Liter Wasser überbrühen, eine Minute ziehen lassen.
Täglich eine Tasse schluckweise trinken.

Brennessel-Teekur

zur Blutreinigung und Entwässerung

Zubereitung:
Bereiten Sie aus vier Teelöffeln getrockneter Brennesselteile und einem Liter Wasser einen Tee zu.

Dosierung:
Sie vier bis sechs Wochen lang täglich einen Liter Tee über den Tag verteilt. Diese Entschlackungskur ist besonders wichtig im Frühjahr ab Februar und im Herbst ab Oktober.

Durchblutungstee

Zubereitung:
Ringelblume, Hirtentäschel, und Weißdorn werden im Verhältnis 1:1 gemischt und und mit heißem Wasser überbrüht. Den Tee läßt man fünf Minuten ziehen.

Dosierung:
Zwei Tassen täglich fördern die Durchblutung.

Frische Teemischung

blutreinigend, entspannend, durchblutungsfördernd
Zubereitung:
Frische Kräuter von Ringelblume, Königskerze und Hirtentäschel im Verhältnis 1:1 mischen. Vier Handvoll davon mit einem Liter kochendem Wasser übergießen und drei bis fünf Minuten ziehen lassen.

Teemischung aus frischen Kräutern

blutreinigend, entspannend, durchblutungsfördernd
Zubereitung:
Die frischen Kräuter von Schafgarbe, Ringelblume, Pfefferminze und Johanniskraut im Verhältnis 1:1 mischen. Vier Handvoll davon mit einem Liter kochendem Wasser überziehen und drei bis fünf Minuten ziehen lassen.

Herz-Kreislauf-Tee

Zubereitung:
Mischen Sie die Kräuter von Weißdorn, Rosmarin, Schafgarbe und Ringelblume im Verhältnis 1:1. Mit kochendem Wasser (wie im Grundrezept beschrieben) übergießen und drei bis fünf Minuten ziehen lassen.

Zinnkraut-Abkochung

entzündundungshemmend und wundheilend

Zubereitung:
Einen Eßlöffel Kräuter mit einem viertel Liter kaltem Wasser ansetzen und 20 Minuten bei fast geschlossenem Deckel kochen lassen.
Dieses Verfahren setzt die für den Heilungsprozeß wichtige Kieselsäure frei. Die Abkochung ist innerlich wie äußerlich anzuwenden.

Zinnkrauttee

wirkt entkrampfend bei verspanntem Rücken, Nieren- und Blasenleiden
Zubereitung und Dosierung:
Einen Teelöffel getrocknete oder eine lockere Handvoll frischer Zinnkräuter in einer Teetasse mit 1/4 Liter Wasser überbrühen und drei bis fünf Minuten ziehen lassen. Zwei Tassen täglich.

Gicht- und Rheumatee

Zubereitung und Dosierung:
Eine Teemischung zu gleichen Teilen aus Zinnkraut, Ehrenpreis, Ringelblume, Brennessel und Kleinblütigem Weidenröschen herstellen und mit heißem Wasser überbrühen. Drei bis fünf Minuten ziehen lassen. Zwei Tassen täglich.

Teemischung bei Darmkatarrh

Zubereitung und Dosierung:
Schafgarbe mit Salbei, Kümmel und Ringelblume im Verhältnis 1:1 mischen. Eine Handvoll frischer Kräuter bzw. einen Teelöffel getrocknete Kräuter mit einem viertel Liter heißen Wasser übergießen und drei bis fünf Minuten ziehen lassen. Anschließend abseihen. Trinken Sie davon ca. zwei Tassen am Tag.

Rundum wohlfühlen – mit der richtigen Teemischung.

Tinkturen-Grundrezept

Zubereitung:

Man füllt ein Weithalsglas beliebiger Größe (z. B. ein Gurkenglas) locker mit frischen Kräutern und gießt es randvoll mit 38 %igem Alkohol auf. Kornschnaps entzieht am besten den Pflanzen ihre Wirkstoffe. Auf keinen Fall jedoch sollte man sie mit Obstler ansetzen. Bei Zimmertemperatur bleibt die Mischung etwa drei Wochen lang stehen. Dann siebt und filtert man die Tinktur – Kaffeefilter eignen sich bestens dazu –, bevor man sie in dunkle Flaschen abfüllt und beschriftet. Alle Tinkturen sind unbegrenzt haltbar.

Anwendung von Tinkturen

Innerlich (bei allen nervösen, krampfartigen Beschwerden): 10 – 15 Tropfen werden dreimal täglich mit etwa einem Schnapsglas voll Wasser oder Tee verdünnt getrunken.
Äußerlich zum Einreiben bei Verstauchungen, Blutergüssen, Verrenkungen usw. unverdünnt anwenden. Bei Schmerzen und Krämpfen tränkt man einen Baumwoll-Lappen mit der entsprechenden Tinktur. Man legt ihn auf den betroffenen Teil des Körpers und deckt ihn mit einem Stück Plastikfolie ab, damit der Alkohol nicht verfliegt. Ein zusätzlich Wolltuch hält den Körper an dieser Stelle warm.

Heilkräuteröl-Grundrezept

Zubereitung:

Auch hier werden wieder frische Kräuter locker in ein Weithalsglas (in der Größe eines Marmeladenglases) geschichtet. Dann das Gefäß randvoll mit hochwertigem kaltgepreßten Pflanzenöl auffüllen (zum Beispiel Olivenöl). Gut verschlossen bleibt das Glas bei gleichmäßig warmer Temperatur acht Wochen lang stehen. Danach wird das Öl gesiebt, gefiltert und in dunkle Flaschen gefüllt.
Am besten bewahrt man Kräuteröle bei Zimmertemperatur auf (nicht im Kühlschrank, da kaltgepreßtes Öl im Kühlschrank flockig wird). Sie sind etwa ein Jahr haltbar. Eine Ausnahme bildet lediglich das Johanniskrautöl. Es kann zwei Jahre lang aufbewahrt werden.

Anwendung von Kräuterölen

Kräuteröle werden vor allem äußerlich angewandt: Man reibt zum Beispiel bei Muskelverspannungen die schmerzenden Körperstellen ein. Je nach Krautzusatz wirken die Öle beruhigend und entzündungshemmend. Johanniskraut- und Ringelblumenöl z. B. lindern vor allem Sonnenbrände und Verbrennungen.

Königskerzen-Wundöl

wirkt beruhigend bei entzündeten Wunden, Ekzemen und Geschwüren

Zubereitung:

Frische Königskerzenblüten locker in ein Weithalsglas schichten und mit hochwertigem Pflanzenöl (Olivenöl) auffüllen. Bei gleichmäßig warmer Temperatur gut verschlossen acht Wochen lang stehen lassen, dann sieben, filtern und in dunkle Flaschen abfüllen.

Salben-Grundrezept

Zubereitung:

Ihre größte Wirkungskraft entfalten Kräuter in Salben auf Schweineschmalzbasis. Dazu erhitzt man etwa 250 Gramm Schmalz. Wenn sich am in das Fett getauchten Holzlöffel Bläschen bilden, dann ist die richtige Temperatur erreicht. Auf keinen Fall soll man das Fett heißer werden lassen. Es verbrennt sehr schnell. Zwei Handvoll frischer oder eine Handvoll getrockneter Kräuter werden untergerührt. Das Ganze noch einmal kurz aufkochen lassen, dann vom Herd nehmen. Für 24 Stunden das Fett offen (sehr wichtig!) an einem kühlen Ort erkalten lassen (nicht im Kühlschrank!). Schließlich erhitzt man das Schmalz noch einmal so lange, bis es gut flüssig ist (nicht zu heiß werden lassen!), siebt es ab, läßt es durch einen Filter laufen und füllt es anschließend sofort in bereitstehende Gefäße. Wieder offen erkalten lassen! Nach ein paar Stunden kann man die Gefäße schließen, beschriften und bis zur Verwendung im Kühlschrank aufbewahren.

Tip

Diese Salben halten im Kühlschrank etwa sechs bis zwölf Monate. Für den täglichen Gebrauch füllt man die nötigen Portionen in kleinere Gefäße ab, die dann bei Zimmertemperatur mindestens zwei Wochen gebrauchsfähig bleiben.

Ringelblumensalbe

Zutaten:
250 g ungesalzenes Schweinschmalz
2 Handvoll frischer Ringelblumenblüten oder 2 TL getrocknete Ringelblumenblüten

Zubereitung:
Schweineschmalz erhitzen, bis sich Bläschen an einem Holzlöffel bilden. Anschließend die Ringelblumenblüten in das Fett geben. Kurz umrühren und die Salbe für wenige Sekunden aufkochen lassen. Topf vom Herd nehmen und das Gemisch 24 Stunden in einem kühlen Raum (nicht im Kühlschrank!) offen erkalten lassen. Danach erwärmt man es noch einmal, siebt und filtert es, füllt es in Töpfe und läßt es wieder offen abkühlen.

Spitzwegerich-Blätterauflage

zur Wundbehandlung

Zubereitung:
Spitzwegerich-Blätter mit einem Nudelholz zu Mus zerquetschen, auf etwas Gaze geben und auf die Wunde legen. Den Verband öfters erneuern.

Säfte-Grundrezept

Zubereitung:
Am einfachsten lassen sich Säfte in der Küchenmaschine zubereiten. Man zerkleinert die frischen Kräuter und verarbeitet sie zu Saft. Dieser sollte sofort getrunken werden. Er gärt rasch, wenn er länger steht.
Kräutersäfte sind wertvolle Nahrungsmittel. Sie enthalten reichlich Vitamine und Mineralsalze.

Säfte – am besten frisch zubereitet trinken.

Holunderbeeren nicht im rohen Zustand essen, sondern erst kochen.

Holundersaft

Pflücken Sie die reifen Beeren als Dolden mit dem Stiel. Bedecken Sie diese mit Wasser und lassen Sie sie etwa 15 Minuten kochen. Sieben Sie die Flüssigkeit ab und kochen Sie sie mit Zucker noch einmal auf, wobei man auf einen Liter etwa 400 Gramm Zucker rechnet. Den heißen Saft füllen Sie in Flaschen oder Gläser und verschließen sie sofort, damit er den Winter unbeschadet übersteht.

Sirup-Grundrezept

Zubereitung:

Für Sirup am besten geeignet sind die Blätter des Spitzwegerichs und die Blüten des Löwenzahns. Deren zerkleinerte Teile schichtet man abwechselnd mit Zucker in ein luftdicht schließendes Glas, bis es voll ist. Am nächsten Tag füllt man mit weiteren Schichten den Raum im Gefäß wieder auf, der durch das Absinken des Zucker-Pflanzen-Gemischs entstanden ist. Auf eine etwa einen Zentimeter dicke Lage Blätter füllt man dabei einen halben Zentimeter Zucker. Die letzte Schicht sollte immer aus Zucker bestehen. Das Glas wird verschlossen und gut vier Monate an einen gleichmäßig warmen Ort gestellt.

Dosierung:

Täglich einen Eßlöffel morgens und abends einnehmen. Besonders wirksam ist der Sirup bei Husten, Bronchitis, Verschleimung und ähnlichen Erkrankungen.

Tip

Wer im Haus keinen Platz findet, der eine stets gleichbleibende Temperatur garantiert, der sollte auf diese bewährte Methode zurückgreifen: Man gräbt das Glas für vier Monate spatentief an einer sonnigen Stelle im Garten ein. Ist die Zeit um, preßt man das Zucker-Blatt-Gemisch durch ein Leintuch, kocht es noch einmal auf, füllt es in Gläser, und fertig ist der Sirup.

Holunderlikör

Zutaten:
1 Liter kalter Saft
1 Liter Obstler (Apfel oder Birne)
1 Vanillestange

Zubereitung:
Alle Zutaten mischen und mindestens vier Wochen stehen lassen: Das Ergebnis ist ein köstliches und an wertvollen Inhaltstoffen reiches Getränk. Genießen Sie es!

Holundersirup

Zutaten:
30 Holunderblütendolden
5 unbehandelte Zitronen
1 kg Zucker
40 g Zitronensäure
2 Liter Wasser

Zubereitung:
Erhitzen Sie den Zucker mit dem Wasser langsam so lange, bis sich der Zucker gelöst hat. Geben Sie die in Scheiben geschnittenen Zitronen und die Holunderblütendolden dazu. Diese Mischung lassen Sie zwei bis drei Tage in der prallen Sonne (wichtig !) stehen, und rühren sie von Zeit zu Zeit um. Anschließend sieben Sie das Ganze und lassen es durch ein Tuch laufen. Geben Sie die Zitronensäure dazu und bewahren Sie den fertigen Sirup stets im Kühlschrank auf. Er ist dort etwa ein Jahr haltbar. Mit Mineralwasser oder trockenem Sekt verdünnt ist Holundersirup ein köstlich erfrischendes und vitaminreiches Getränk.

Ebereschen-Hustensirup

Zutaten:
200 g Ebereschen-Beeren
1 Liter Wasser
1 kg Honig

Zubereitung:
Lassen Sie die Beeren in einem Liter Wasser aufkochen und anschließend durch einen Filter laufen. Lösen Sie in der Flüssigkeit ein Kilogramm Honig auf. So erhalten Sie ein wirksames Lungen- und Hustenmittel.

Tip

Nach jedem Kräuterbad sollte man für 30 Minuten bis eine Stunde ins Bett und ruhen, damit sich der Körper entspannt und die Kräuter wirken können.

Kräuterbadzusätze

Zubereitung:

Kräuterbäder wirken je nach eingesetzten Kräutern anregend, entspannend, beruhigend oder heilend. Für ein Vollbad bringt man vier Handvoll getrockneter Kräuter in eineinhalb Liter kaltem Wasser zum Kochen. Im geschlossenen Topf 20 Minuten köcheln lassen, anschließend absieben und den Sud ins Badewasser geben. Für ein Sitzbad reichen ca. zwei Handvoll Kräuter auf einen Liter Wasser.

Kräuterdunstauflagen

Zubereitung:

Man füllt einen Topf mit Wasser und hängt ein Sieb so weit hinein, daß es die Wasserfläche nicht berührt. Dann bringt man das Wasser zum Kochen. In das Sieb wird ein mit Kräutern gefülltes Baumwollsäckchen gelegt. Etwa 20 Minuten lang läßt man es mit heißem Wasserdampf durchziehen. Dann legt man den Beutel auf die erkrankte Körperstelle. Wärmflasche und Wolltuch sorgen zusätzlich dafür, daß die heißen Kräuter solange wie möglich ihre heilsame Wirkung entfalten können.

Kleine Auswahl heilkräftiger Badekräuter

Baldrianwurzel	beruhigend und schlaffördernd
Eichenrinde	bei allgemeiner Körperschwäche, Ekzemen, Hautkrankheiten, Schweißfüßen
Fichtennadel	bei rheumatischen Beschwerden, Kreislaufschwäche
Heublumen	durchblutungsfördernd, bei Hexenschuß, Verspannungen, Gicht, Rheuma
Brennessel	stoffwechselanregend, durchblutungsfördernd, bei Rheuma, Gicht
Rosmarin	kreislaufanregend, durchblutungsfördernd
Zinnkraut	bei Blasen- und Nierenerkrankungen, Prostata, Wunden, Rückenproblemen, Ekzemen, Geschwüren und offenen Füßen

Kirschsteinsack

Zubereitung:
Mit getrockneten Kirschkernen füllt man zur Hälfte ein etwa 25 mal 25 Zentimeter großes Baumwollsäckchen und näht es zu. Je nach Bedarf legt man es tiefgekühlt auf akute Verletzungen, oder man erhitzt es bei etwa 150 Grad für 20 Minuten im Backofen, bevor man es auf den Körper bringt. In beiden Fällen wirken die Kerne entspannend und entkrampfend; wärmeregulierend wirken sie bei Erhitzung des Kissens.

Anwendung:
Warm bei allen chronischen Erkrankungen, *kalt* bei allen akuten und entzündlichen Erkrankungen. Meist ältere Menschen benutzen das Säckchen auch zur Durchblutungsförderung der Finger. Sie legen es zwischen beide Hände und reiben die Kerne so oft aneinander, bis das Blut in ihren Fingern wieder richtig zirkuliert. Das Säckchen wirkt auch bei kalten Füßen, eignet sich als Wärmflasche für Babys oder bei Blähungen als Bauchwärmflasche. Der Bauch sollte zuvor mit Johanniskrautöl eingerieben werden.

Heublumenkissen

Zubereitung und Anwendung:
Mit Heublumen gefüllte Baumwollsäckchen werden bei etwa 150 Grad im Backofen 20 Minuten lang erhitzt und anschließend auf die erkranke Körperstelle gelegt. Darauf kommt zusätzlich eine Wärmflasche und ein Wolltuch zum Warmhalten. Pfarrer Sebastian Kneipp bezeichnete die Heublume übrigens als das »Morphium der Naturheilkunde.« So kann sich wohl jeder vorstellen, wie groß ihre beruhigende und entkrampfende Wirkung ist.

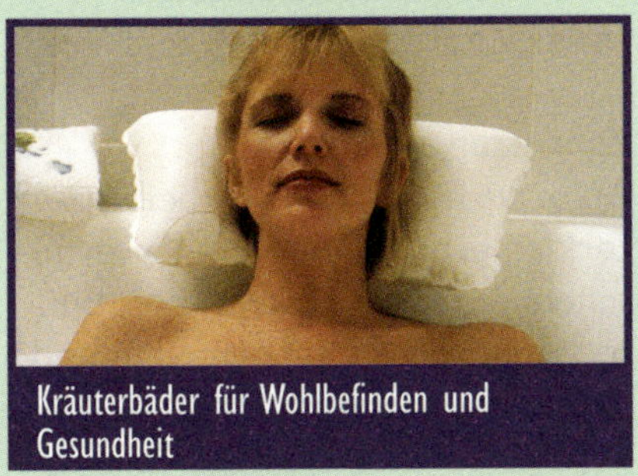

Kräuterbäder für Wohlbefinden und Gesundheit

Kräutertraumkissen

Baumwollkissen werden locker mit Kräutern gefüllt und zum Einschlafen unter die Wange gelegt. Die Körperwärme setzt die heilsamen Wirkstoffe frei. Atmet man sie ein, sorgen sie für einen erholsameren Schlaf. Sie wirken auch beruhigend und krampflösend bei Husten und Erkältungen (je nach eingesetzten Kräutern).

Holunderpfannkuchen

Zutaten:
60 g Mehl
1/2 TL Salz
100 ml Weißwein
1 EL Öl
ca. 15 Holunderblütendolden
2 Eiweiß

Zubereitung:
Rühren Sie Mehl, Salz, Wein und Öl zu einem glatten Teig zusammen. Lassen Sie ihn eine Stunde lang quellen. Dann schlagen Sie das Eiweiß steif und heben es unter den Teig. Am besten fassen Sie jede Blütendolde einzeln am Stiel, tauchen sie Stück für Stück in den Teig und backen sie entweder in der Friteuse bei 180 °C oder in der Pfanne im schwimmenden Fett goldbraun aus. Dann nehmen Sie die Blütendolden heraus, lassen sie über Küchenpapier abtropfen und essen sie warm, mit Puderzucker bestäubt.

Ebereschenschnaps

Zubereitung:
Nach dem Ernten legen Sie die reifen Beeren für 24 Stunden in den Kühlschrank. Danach lassen Sie sie wieder auftauen, füllen damit eine Flasche randvoll und gießen mit Obstler auf. Das Gefäß fünf Wochen lang bei Zimmertemperatur stehen lassen. Anschließend filtern. Sie besitzen nun einen köstlichen Magenschnaps!

Königskerzen-Kraftbrühe

Zutaten:
1 Tasse Königskerzenblüten
50 g gehacktes Rindfleisch
2 Eiweiß
1 Tomate
1/2 Karotte
etwas Lauch und Sellerie, Kerbel und Salz
1 1/2 Liter Fleischbrühe

Zubereitung:
Tomate enthäuten und würfeln. Gemüse kleinschneiden. Alle Zutaten mit dem steif geschlagenen Eiweiß in die kalte Brühe geben und aufkochen lassen. 30 Minuten köcheln lassen. Mit Kerbel servieren.
Ein hervorragendes Stärkungsmittel, besonders in Erkältungszeiten.

Bratäpfel mit Salbei

Zutaten (pro Apfel):
1 Apfel
1 TL Honig, 2 Salbeiblätter
etwas Zimt und Butter

Zubereitung:
Apfel aushöhlen. Die Salbeiblätter zerkleinern, mit dem Honig vermischen und in den Apfel geben. Butterflöckchen darauf verteilen und mit Zimt bestreuen. Im Backofen bei 180 °C ca. 30 Minuten backen.

Heilkräftige Fruchtliköre und Säfte

Schlehenlikör

Zutaten:
3 Tassen Schlehen, 2 Tassen weißer Kandiszucker, 1 Vanilleschote, 38 %iger Korn

Zubereitung:
Die reifen Beeren nach dem Pflücken für 24 Stunden ins Gefrierfach legen. Am nächsten Tag auftauen lassen und schichtweise leicht mit einem Kartoffelstampfer andrücken. In ein Weithalsglas (0,7 Liter) drei Tassen Schlehen geben. Dazu zwei Tassen weißen Kandiszucker und eine ganze, leicht angeritzte Vanilleschote geben. Danach das Gefäß randvoll mit 38 %igem Korn auffüllen. Lassen Sie das Ganze acht Wochen stehen. Danach den Likör absieben.

Zitronen-Sommerlikör

vitaminreich

Zutaten:
25 g frische Zitronenmelissenblätter, 1/2 ungespritzte Zitrone, 1/4 Liter Alkohol (32 %), etwas Kandis oder Honig

Zubereitung:
Zitronenhälfte kleinschneiden und mit den Zitronenmelissenblättern und dem Alkohol in eine Flasche geben. Vier Wochen ziehen lassen. Je nach Bedarf mit Kandis oder Honig süßen.

Anislikör

Zutaten:
50 g Aniskörner, 250 g Kandis oder Honig, 2 Zimtstangen
700 ml Korn (32 %)

Zubereitung:
Die Aniskörner zerkleinern. Alle Zutaten mit dem 32 %igem Korn ansetzen. Vier Wochen stehen lassen, danach absieben.
Dieser Likör ist verdauungsanregend und hilft gegen Blähungen.

Gesundheitstrunk

Zutaten:
10 Zitronenmelissenblätter
10 Salbeiblätter, 10 Pfefferminzblätter
Saft von 2 Apfelsinen
Saft von einer Pampelmuse
1 Liter Wasser, Rotwein

Zubereitung:
Alle Zutaten mit einem Liter kochendem Wasser übergießen und 10 Minuten ziehen lassen. Anschließend abseien und mit Rotwein auffüllen. Nach Geschmack mit Kandis oder Honig süßen.

Winterpunsch

durchblutungsfördernd

Zutaten:
2 TL Melissenblätter, 2 TL Weißdorn, 2 TL Lindenblüten, 2 TL Malvenblüten, 2 TL Comfreyblätter (Beinwell), 1/2 Liter Wasser, Saft einer Zitrone, Rotwein

Zubereitung:
Wasser zum Kochen bringen und über die Blüten und Blätter geben. 10 Minuten ziehen lassen, anschließend abseihen. Zitronensaft dazugeben und mit Honig abschmecken. Mit Rotwein auffüllen. Heiß trinken.

Notizen

Notizen

Notizen

Notizen

Notizen

Welcher Tee hilft bei Blähungen oder Erkältungen? Was tun bei Kreislaufbeschwerden oder

Gesundheits-ABC

Verdauungsstörungen? Dieses und vieles mehr erfahren Sie auf den nächsten Seiten.

Allgemeine Tips zur Gesundheitspflege

Grundsätzlich gilt: Alle chronischen Krankheiten sollten von naturheilkundlichen Ärzten oder Heilpraktikern behandelt werden. Meine Empfehlungen sind nur als begleitende Maßnahmen zu verstehen. Wichtig ist vor allem auch, die Ursache der Beschwerden zu erkennen und zu beseitigen, denn Kräuter alleine können Beschwerden zwar lindern, nicht aber Probleme beheben. Unterstützen Sie alle Maßnahmen durch eine gesunde Lebensweise, z.B. durch eine ausgewogene Ernährung und ausreichend Bewegung an der frischen Luft.

Den Kopf halte kalt, die Füß' halte warm...

An diesem Spruch, der Ihnen bereits zu Beginn des Buches in meinem Vorwort begegnet ist, ist viel Wahres dran. Warme Füße unterstützen zum Beispiel die Funktionstüchtigkeit des Darmes. Sie zeigen auch einen gutdurchbluteten Kopf an. Man muß sich vorstellen, daß alle Nervenbahnen, die mit unseren Organen in Verbindung stehen, in den Händen und Füßen enden.

Eine schlechte Blutversorgung dieser sogenannten Reflexzonen kann Krankheiten verursachen. Kalte Füße sind also nicht nur lästig, sondern auch gesundheitsschädlich. Warme Socken sind das einfachste Mittel, um die Durchblutung in Gang zu halten. Aber auch Fußbäder heizen kalten Zehen ein. Dabei sollte man die Wassertemperatur während des Badens langsam ansteigen zu lassen. Badesalz fördert die Blutzirkulaion zusätzlich. Eine gleich-

Warme Füße sind eine Grundvoraussetzung für unsere Gesundheit.

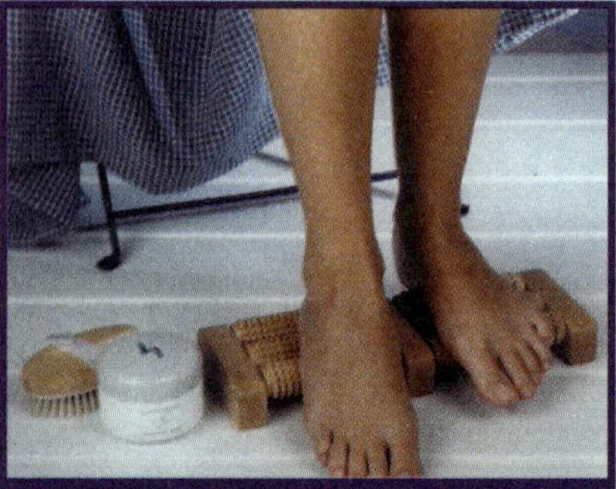

Trockenmassage für die Füße

mäßige Massage mit einer harten Bürste unterstützt diesen Effekt. Dabei sollte man darauf achten, stets in Herzrichtung zu bürsten. Wer keine Zeit für ein ausgiebiges Fußbad hat, dem hilft eine Trockenmassage. Dazu reibt und drückt man die Zehen der Reihe nach mit dem Daumen. Sollten Sie einen **Fußmassageroller** besitzen, so behandeln Sie damit die ganzen Fußsohlen für etwa zwei Minuten.

Bewegung

Ernährung und Bewegung spielen eine wesentliche Rolle für unsere Gesundheit. Für die Bewegung gilt: Gesund ist, was Spaß macht. Spazierengehen, Wandern, Schwimmen und Radfahren zum Beispiel eignen sich hervorragend zum Training des Herz-Kreislauf-Systems. Eine gute Durchblutung verstärkt die Herztätigkeit und sorgt für eine bessere Leistung aller Organe, ihr Entgiften und Entschlacken. Auch Gymnastik und Yoga fördern diesen Effekt. Doch Vorsicht: Manche Sportarten bewirken genau das Gegenteil. Jogging, Aerobic und jede Art von Leistungssport belasten Kreislauf und Körpe. Ideal ist schnelles Gehen – Walking.
Für alle nicht leistungsgebundenen Bewegungsarten gilt: Nur wer sich regelmäßig – d. h. am besten täglich – bewegt, fördert damit nachhaltig seine Gesundheit.

Ernährung

Vollkornprodukte, Milcherzeugnisse, Eier, Fisch, Obst und Gemüse bilden die tragenden Säulen einer gesunden Ernährung. Fleisch sollte man höchstens zweimal in der Woche auf den Tisch bringen, Puten- und Pferdefleisch sind auf jeden Fall dem Schweinefleisch vorzuziehen. Und das hat seine Gründe.
Das Schwein kann nicht schwitzen, da es keine Poren zur Schweiß-absonderung

Unterstützen Sie Ihren Körper mit einer gesunden Ernährung und ausreichender Flüssigkeitszufuhr.

besitzt. Früher lebten die Schweine draußen auf der Wiese des Bauern, sie suhlten sich im Dreck, wenn ihnen heiß war. Mit diesem Abkühlungsprozeß regten sie die Entgiftung an. Heute stehen die Tiere dichtgedrängt und mit Medikamenten und Hormonen vollgepumpt in engen Boxen. Schlacken und Giftstoffe reichern sich im Fleisch an. Der Konsument verzehrt sie! Das Pferd dagegen reinigt sich selbst durch ständiges Bewegen und Schwitzen. Sein Fleisch gilt als das reinste. Doch leider schrecken viele vor Pferdefleisch zurück. Zu unrecht. Es ist wohlschmeckend und gesund. Auch Haushaltszucker und Süßigkeiten sollte man meiden. Der Körper braucht zwar Zucker, doch holt er sich ihn mühelos aus Obst. Gleichzeitig versorgt man sich über Früchte mit Vitaminen und Mineralstoffen. Bestes Beispiel ist die Banane: Sie ist ein ausgezeichneter Fruchtzucker-, Vitamin B- und Kaliumlieferant. Sie sorgt für Leistungskraft und Nervenstärke.
Abzuraten ist auch von Diäten. Jede schadet dem Körper. Menschen mit Gewichtsproblemen empfehle ich, ab 17 Uhr mit Ausnahme von Magermilchjoghurt und Obst nichts mehr zu essen. Jede spätere Mahlzeit sorgt für Fettpölsterchen.

Entgiftung

Jeder Körper bildet selber Gifte, sogenannte Homotoxine. Dazu kommen noch eingeatmete Umweltgifte und Schadstoffe aus der Nahrung.

Doch unser Körper kann sich selbst reinigen. Sein größtes Ausscheidungsorgan ist die Haut. Mit dem Schweiß werden die Schadstoffe aus dem Körper gebracht. Aber auch Niere und Darm sorgen für den Abtransport schädlicher Gifte. Um das bewerkstelligen zu können, ist unser Körper auf Flüssigkeit angewiesen. Zwei bis drei Liter Mineralwasser, Früchte- oder Kräutertees sollte man deshalb täglich trinken.

Weitere Heilverfahren

Empfehlenswert sind alle Kneipp'schen Anwendungen sowie die biochemischen Heilmethoden nach Dr. Schüßler. Als sinnvoll erwiesen haben sich auch homöopathische Heilmittel oder die Bach-Blütentherapie. Yoga, Autogenes Training und die Chinesische Medizin unterstützen das Gesunden ebenfalls.

Pfarrer Sebastian Kneipp (1821-1897)

Kneipp-Therapie

Das Gesundheitskonzept von Pfarrer Sebastian Kneipp basiert auf fünf Grundelementen:

- **Ordnungsprinzip**: Nach dem Motto »Ein gesunder Geist wohnt in einem gesunden Körper« muß alles dafür getan werden, um Körper, Geist und Seele fit zu halten.
- Die **Wassertherapie** mit Kalt- und Warmanwendungen regt Kreislauf und Stoffwechsel an. Wichtig ist dabei, daß man warm anfängt und kalt aufhört!
- **Heilkräuteranwendungen** fördern den Heilprozeß von innen wie von außen.
- Körper und Geist sollen durch die **Ernährung** unterstützt und nicht belastet werden. D.h., daß man sich gesund ernähren sollte mit möglichst naturbelassenen und vor allem leichten Speisen.
- Eine vernünftiges Maß an **Bewegung** hält Herz und Kreislauf in Schwung, entspannt und sorgt für seelische Ausgeglichenheit.

Homöopathie

Der Begriff »Homöopathie« bedeutet »wie die Krankheit«. Entsprechend basiert die Therapie auf der Erkenntnis, daß Ähnliches mit Ähnlichem geheilt werden könne. Die in der Homöopathie verabreichten Heilmittel rufen vergleichbare Krankheitssymptome hervor, wodurch die körpereigenen Selbstheilungskräfte angeregt werden.

Bach-Blütentherapie

Die natürliche und sanfte Heilmethode basiert auf der Grundannahme, daß vielen Krankheiten negative Gemütseinstellungen zugrunde liegen, die sich auf Körper und Seele auswirken. Durch den Einsatz der heilkräftigen Blüten werden die sich darin befindlichen Energien an den menschlichen Körper weitergegeben.

Biochemische Heilweise nach Dr. Schüßler

»Biochemie« bedeutet »Lebenschemie«: Dr. Wilhelm Schüßler stellte zwölf besonders wichtige Mineralsalzverbindungen fest, die im menschlichen Körper in unterschiedlicher Menge und Konzentration enthalten sind. Jedes einzelne Salz übt einen bestimmten Einfluß auf die Körperfunktionen aus. Wird das Gleichgewicht dieser aufeinander abgestimmten Salze durch einen Mangel gestört, sind Krankheiten die Folge.

Yoga

Die Entspannungstechniken des Yoga verhelfen dazu, die Einheit von Körper, Geist und Seele wieder in Einklang zu bringen. Resultat: Steigerung des allgemeinen Wohlbefindens, innere Ausgeglichenheit, mehr Lebensenergie und ein gestärktes Immunsystem.

Autogenes Training

Eine Entspannungsmethode zur Selbstbeeinflussung: Ziel ist positive Beeinflussung seelischer und körperlicher Störungen.

Chinesische Medizin

Basis der Chinesischen Medizin ist die Erkenntnis, daß das Gleichgewicht zwischen Körper und Seele die Grundvoraussetzung für unsere Gesundheit ist. Sie hat zum Ziel, gestörte Energiebahnen des Körpers wieder zu einem verstärkten Fließen zu bringen, damit er besser durchblutet und entgiftet wird.

Krankheiten von A – Z

Appetitlosigkeit
Morgens vor dem Frühstück und abends vor dem Schlafengehen täglich zwei Tassen Schafgarben-, Wermut- oder Rosmarin-Tee; oder täglich einen Teelöffel Wermut- oder Bitterkräuter-Tinktur – mit einem Schnapsglas voll Wasser verdünnt – einnehmen.

Augenentzündungen
Kompressen mit Königskerzentee (Kamillenersatz), Augenbäder und Auswaschungen.

Bindegewebsschwäche
Regelmäßig Hirtentäschel- und Ringeblumentee im wöchentlichen Wechsel trinken und zusätzlich dreimal täglich einen Teelöffel Hirtentäscheltinktur – mit einem Schnapsglas voll Wasser verdünnt – einnehmen. Viel Flüssigkeit täglich zu sich nehmen! Bewegung und Gymnastik sind wichtig zur Stärkung des Bindegewebes. Sprungübungen sollten allerdings vermieden werden, da Menschen mit Bindegewebsschwächen zu Senkungen der Organe neigen. Empfehlenswert sind Schwimmen und Radfahren. Vom Leistungssport ist abzuraten.
Wichtig: Sport immer in Maßen betreiben.

Blähungen
Schafgarben- und Fencheltee trinken. Zusätzlich zweimal täglich einen Teelöffel Tinktur aus Bitterkräutern – stets verdünnt mit einem Schnapsglas voll Wasser – einnehmen.

Blasen- und Nierenleiden
Oberstes Gebot: Viel Flüssigkeit trinken, bis zu drei Liter am Tag in Form von Tees, Säften oder Mineralwasser. Zusätzlich zwei Tassen Tee vom Kleinblütigen Weidenröschen; Tees und Sitzbäder mit Zinnkraut, warme Fußbäder.
Bei Koliken: Auflage aus Bitterkräutern.

Blasenschwäche/ Reizblase
Zwei Tassen Hirtentäscheltee täglich trinken. Das stärkt die geschwächte Muskulatur und sorgt für eine bessere Durchblutung.

Blutdruckstörungen
Eine Tasse Misteltee oder Weißdorntee täglich reguliert hohen wie niedrigen Blutdruck. Zusätzlich zweimal täglich einen Teelöffel Bitterkräuter-Tinktur – stets verdünnt mit einem Schnapsglas voll Wasser – einnehmen.

Blutungen
Hirtentäscheltee hat sich besonders nach Geburten und Operationen bewährt. Als Kräuterauflage ist er äußerlich anzuwenden.

Brandwunden
Mit Johanniskrautöl oder Ringelblumenöl bestreichen. Zum Unterstützen des Heilungsprozesses anschließend mit Ringelblumensalbe behandeln.

Bronchienerkrankungen
Drei- bis fünfmal täglich einen Teelöffel Spitzwegerichsaft (Fertigpräparat) einnehmen. Zusätzlich mehrmals am Tag Spitzwegerichtee trinken. Die Brust morgens und abends mit Ringelblumensalbe einreiben und warm halten. Linderung verschafft auch Atemgymnastik. Wenn Sie sich die heilsamen Düfte der Aromatherapie zunutze machen wollen, greifen Sie auf Thymian-, Strandkiefern- oder Eukalyptusöl zurück.

Cholesterinspiegel, erhöhter
Täglich ein bis zwei Tassen Ehrenpreistee trinken. Nach drei Monaten eine Pause von einem Monat einlegen und während dieser Zeit Misteltee trinken.

Darmbeschwerden
Bei allen Darmbeschwerden täglich etwa zwei bis drei Tassen Ringelblumentee trinken (als Kur: vier Wochen lang täglich einen Liter Ringelblumentee trinken). Bei Verkrampfungen Schafgarbentee (2 Tassen täglich) trinken. Bei nervösen Darmbeschwerden Johanniskrauttee einnehmen; zur Entspannung Atemgymnastik sowie Yoga oder Autogenes Training machen. Bewegungsmangel vermeiden. Zum Entschlacken zusätzlich morgens und abends einen Teelöffel Bitterkräuter-Tinkur – stets verdünnt mit einem Schnapsglas voll Wasser – einnehmen. Brennesseltee ist besonders gut zur Entschlackung des Darms geeignet. Eine vierwöchige Kur (ein Liter pro Tag) im Frühjahr und Herbst ist eine ideale Entgiftungskur und wirkt auch bei Darmgeschwüren.

Depressionen

Zweimal täglich eine Tasse Johanniskrauttee trinken. Zusätzlich helfen Autogenes Training, Yoga und Atemübungen. Viel Bewegung im Freien. Aromatherapie mit Bergamotte, Orange, Geranie, Jasmin, Zimt oder Rose. Sorgen Sie bei Depressionen stets für eine gut duftende und fröhliche Umgebung. Wälzen Sie keine Probleme, sondern lassen Sie sich von positiven Gedanken aufmuntern. Probleme gibt es nicht, Probleme werden gemacht! Diskutieren Sie sie nicht herbei. Suchen Sie nach den schönen Seiten des Lebens – es gibt so viele.

Diabetes

Heidelbeerblätter und Löwenzahnwurzel mischen Sie im Verhältnis 1:1 und bereiten daraus einen Tee. Trinken Sie davon zwei Tassen täglich. Zusätzlich zweimal täglich einen Teelöffel Tinktur aus Bitterkräutern – stets verdünnt mit einem Schnapsglas voll Wasser – einnehmen. Die Bitterkräuter wirken sich positiv auf die Bauchspeicheldrüse und den Stoffwechselhaushalt aus (eine gestörte Bauchspeicheldrüse ist mitverantwortlich für Diabetes).

Durchblutungsstörungen

Ursache ist oft ein Mangel an Kalzium, Magnesium und Vitamin E (als Nahrungsergänzungsmittel kaufen). Täglich zwei Tassen Weißdorntee trinken und Gingko-Präparate einnehmen.

Durchfall

Bei plötzlich auftretendem Durchfall, der manchmal auch mit Erbrechen einhergeht, handelt es sich oft um eine Virusinfektion. Zwei Tage lang Bettruhe einhalten, Magen und Darm entleeren lassen, anschließend viel trinken, damit der Körper nicht austrocknet. Am besten eignet sich dazu Ringelblumentee mit einer Prise Salz. Essen Sie Salzstangen und trinken Sie etwas Cola (regt den Kreislauf an, Kohlensäure herausrühren). Nehmen Sie zwei Tage lang nichts anderes zu sich, und bauen Sie anschließend mit leichter Kost und Bananen wieder auf. Sie können auch getrocknete Heidelbeeren essen. Sind die Beschwerden nach drei Tagen nicht abgeklungen, dann suchen Sie sofort einen Arzt auf.

Erkältungsbeschwerden

Salbeitee zum Gurgeln, Lindenblüten -und Holunderblütentee zum

Schwitzen. *Bei Husten und Heiserkeit:* Spitzwegerichtee und Spitzwegerich-Hustensaft (Fertigpräparat). *Bei Schnupfen:* kleine Wattekügelchen mit einer Bitterkräuter-Tinktur tränken und in die Nase stecken. Inhalieren mit Königskerzen- oder Bitterkräuterdämpfen: Über heißem Tee inhalieren oder ein Glas kochendes Wasser mit einem Eßlöffel Likörkräutertinktur verdünnen, ein Tuch über den Kopf legen und fünf Minuten lang inhalieren. Zusätzlich dreimal täglich einen Teelöffel Bitterkräuterkräutertinktur – stets verdünnt mit einem Schnapsglas voll Wasser – zum Anregen der Abwehrkräfte einnehmen. Ringelblumensalbe auf Brust und Hals gerieben wirkt durchblutungsfördernd und entzündungshemmend und sorgt für eine rasche Linderung der Beschwerden. Bei einer Erkältung ist der Vitamin C-Bedarf des Körpers fünfmal höher als normal. Sorgen Sie für zusätzliche Vitamin C-Gaben. Trinken Sie Holundersaft heiß mit Honig.

Erschöpfung

Schafgarben- oder Johanniskraut-Tee bei nervöser Erschöpfung; Misteltee, um den Blutdruck auszugleichen (Misteltee muß kalt angesetzt werden!).

Gallenleiden

Zweimal täglich eine Tasse Schafgarbentee trinken oder eine Teemischung aus Schafgarbe und Löwenzahn im Verhältnis 1:1 gemischt. Zerkauen Sie, wenn es die Jahreszeit zuläßt, täglich zwei bis drei frisch gepflückte Löwenzahnstengel. Die Heilkräuter sorgen für eine bessere Entschlackung in den Verdauungssäften. Nehmen Sie zusätzlich zweimal täglich einen Teelöffel Tinktur aus Bitterkräutern – stets verdünnt mit einem Schnapsglas voll Wasser – morgens und abends ein. Legen Sie mit Bitterkräuter-Tinktur getränkte Packungen in der Gallengegend auf.

Gelenkerkrankungen

Gelenkerkrankungen gehören in die Hand eines Facharztes. Alle Empfehlungen hier verstehen sich nur als begleitende Maßnahmen. Zinnkrauttee trinken und mit Zinnkraut-Tinktur einreiben; Sitzbäder. Einreiben mit Kräuterölen gegen Verspannungen, mit Kräutertinkturen zur besseren Durchblutung. Zweimal täglich mit

Ringelblumensalbe einreiben. Viel trinken zum Entschlacken, vor allem Brennesseltee. Beschwerden lindern ferner Kräuterdunstauflagen, Heublumenpackungen und Heublumenkissen; Bäder, die für eine gute Durchblutung sorgen wie Brennessel, Rosmarin, und Zinnkraut; Auflagen und Packungen mit Bitterkräutern. Machen Sie zusätzlich Yoga und Gymnastik, nehmen Sie Magnesium- und Calciumpräparate ein, und sorgen Sie für viel Bewegung!

Gicht

Ursache ist häufig zuviel Harnsäure im Blut oder Übergewicht. Deshalb zweimal täglich eine Tasse harntreibenden Tee trinken (z.B. Brennessel oder Kleinblütiges Weidenröschen); zweimal jährlich (im Frühjahr und Herbst) eine vierwöchige Teekur durchführen.

Halsschmerzen

Gurgeln Sie mit Salbei oder unverdünnter Bitterkräuter-Tinktur. Die Flüssigkeit aber nicht hinunterschlucken, sondern anschließend ausspucken. Reiben Sie von außen Ihren Hals mit Ringelblumensalbe ein.

Herpes (Lippe)

Beim ersten Anzeichen alle 15 Minuten mit Bitterkräuter-Tinktur betupfen.

Husten

Wenn der Husten nicht weichen will: mehrmals am Tag Königskerzentee trinken (siehe auch unter »Erkältung«). Tritt nach drei Wochen keine Besserung ein, gehen Sie bitte sofort zum Arzt!

Insektenstiche

Mit Lavendelöl oder mit unverdünnter Bitterkräuter-Tinktur sofort desinfizieren. Anschließend mit Ringelblumensalbe eincremen.

Ischias

siehe unter Gelenkerkrankungen.

Kniebeschwerden

Mehrmals täglich mit Ringelblumen- oder Beinwellsalbe einreiben.

Konzentrationsschwäche

Bei Unkonzentriertheit zweimal täglich eine Tasse Ehrenpreistee trinken und für ausreichend Vitamin C sorgen. Jeden Tag viel Flüssigkeit zu sich nehmen. Das sorgt für eine bessere Durchblutung des Gehirns. Zusätzlich zweimal täglich einen Teelöffel Bitterkräuter-Tinktur – stets verdünnt mit einem Schnapsglas voll Wasser – morgens und abends einnehmen. Aromatherapie mit Zitronen-Duftöl.

Krampfadern
Die befallenen Stellen regelmäßig mit Ringelblumensalbe (Rezept siehe Seite 83) eincremen und täglich zwei Tassen Ringelblumentee trinken.

Krämpfe
Schafgarbentee trinken, Kräuterauflagen mit Bitterkräuter-Tinktur; die betroffenen Stellen mit Kräutertinkturen einreiben. Bei Wadenkrämpfen Magnesium einnehmen. Auch Atemgymnastik kann Krämpfen entgegenwirken.

Kreislaufbeschwerden
Weißdorn- und Mistelpräparate als Tee abwechselnd trinken. Zusätzlich dreimal täglich einen Teelöffel bittere Kräutertinktur – stets verdünnt mit einem Schnapsglas voll Wasser – einnehmen (auch bei plötzlicher Übelkeit einsetzen). Für viel Bewegung sorgen, in die Sauna gehen etc.

Leberbeschwerden
Schafgarbentee zweimal täglich trinken. Die Behandlung immer wieder unterbrechen. Zwei bis drei frische Löwenzahnstengel täglich kauen. Zusätzlich dreimal täglich einen Teelöffel Bitterkräuter-Tinktur – stets verdünnt mit einem Schnapsglas voll Wasser – einnehmen. Bitterkräuter-Auflagen in der Lebergegend auflegen. Mariendistel-Präparate einnehmen. Salbeitee trinken.

Magenschmerzen
Viel Ringelblumen- und Ehrenpreistee trinken (kann auch 1:1 gemischt werden), japanisches Pfefferminzöl innerlich anwenden. Oder täglich zwei Tassen Salbeitee trinken.
Wichtig: Probleme lösen und nicht vertiefen. Zum Ausgleich empfehlen sich Autogenes Training, Yoga oder Atemübungen.

Nachtschweiß
Tagsüber zwei Tassen Salbeitee trinken, um die Ursache zu beseitigen (z.B. Leberstauung, Übersäuerung des Magens, Darmprobleme u.v.m.). Besonders wirksam während der Wechseljahre!

Nervosität
Alle Johanniskrautprodukte; zusätzlich Yoga und Autogenes Training betreiben.

Nierenschmerzen
Zweimal täglich Tee vom Kleinblütigen Weidenröschen trinken; Körper und vor allem Füße warm halten (siehe auch unter »Blasen- und Nierenbeschwerden«).

Ohrenschmerzen
Wattekügelchen mit einer Tinktur aus Bitterkräutern tränken und ins Ohr stecken. Mehrmals erneuern. Wenn nach drei Tagen noch keine Besserung zu verspüren ist, suchen Sie bitte sofort den Arzt auf!

Prellungen
Mehrmals mit Ringelblumensalbe einreiben und kühlende Quarkumschläge auflegen.

Prostatabeschwerden
Täglich zwei Tassen Tee vom Kleinblütigen Weidenröschen trinken. Kürbiskerne essen.

Rheuma
Siehe Gelenkerkrankungen.

Schlafstörungen
Kurz vor dem Schlafengehen eine Tasse Hopfenblütentee trinken. Zusätzlich abends einen Teelöffel Tinktur aus Bitterkräutern – stets verdünnt mit einem Schnapsglas voll Wasser – einnehmen. Kräuterkissen unter die Wange legen und ruhig atmen.

Schnupfen
Siehe Erkältungsbeschwerden.

Sodbrennen
Schafgarben- und Ringelblumentee trinken.

Sonnenbrand
Mit Johanniskrautöl oder Ringelblumensalbe einreiben.

Stirnhöhlenentzündung
Auflagen aus Bitterkräutern; am Abend mit bitterer Kräutertinktur getränkte Wattekügelchen in die Nase stecken. Einen Eßlöffel Bitterkräuter-Tinktur auf eine Tasse heißes Wasser geben und den Dampf inhalieren.

Unterleibsbeschwerden
Frauenmanteltee bei Entzündungen, Schafgarbentee bei Verkrampfungen und Beschwerden

in den Wechseljahren oder eine Mischung aus beiden Tees im Verhältnis 1:1 gemischt. Davon täglich zwei Tassen trinken. Bei Zysten, Myomen und Entzündungen zusätzlich die betroffenen Stellen mit Ringelblumensalbe eincremen und darüber anschließend eine Bitterkräuterauflage auflegen.

Verbrennungen
Sofort mit kaltem Wasser kühlen! Anschließend mit Johanniskrautöl, Zink- oder Ringelblumensalbe einreiben.

Verdauungsstörungen
Sie müssen vom Arzt oder Heilpraktiker behandelt werden. *Vorbeugende Maßnahmen:* morgens und abends einen Teelöffel bittere Kräutertinktur – stets verdünnt mit einem Schnapsglas voll Wasser – einnehmen. Für viel Bewegung sorgen, ballaststoffreiche Kost essen und mindestens drei Liter täglich trinken. Äpfel essen, für reichlich Vitamin C-Gaben sorgen, eine dreimonatige Kur mit Bierhefetabletten beginnen.

Völlegefühl
Einen Teelöffel verdünnte Bitterkräuter-Tinktur einnehmen.

Warzen
Schöllkrautcreme (Fertigpräparat) auf die betroffenen Stellen auftragen. Im Sommer den Saft des Schöllkrauts auf die Warze tupfen.

Wechseljahrsbeschwerden
Täglich je eine Tasse Schafgarben- oder Frauenmanteltee trinken. Mönchspfeffer einnehmen (Fertigpräparat). Viel Bewegung an der frischen Luft und Sport. Vitamin-E-haltige Fertigpräparate einnehmen, tägliche Magnesium- und Calciumgaben. Bei nervösen Schweißausbrüchen täglich zwei Tassen Salbeitee trinken und einmal wöchentlich ein Hopfenbad vor dem Schlafengehen nehmen. Für ausreichende Vitamin-C-Zufuhr zum Entgiften und Entschlacken sorgen.

Wunden
Tinktur aus Bitterkräutern unverdünnt zum Desinfizieren benutzen; alle offenen und geschlossenen Wunden mit Ringelblumensalbe behandeln. Spitzwegerichblätter zu Mus zerreiben und auf die frische Wunde geben.

Angaben zur Zubereitung von Tees, Tinkturen etc. finden Sie im Kapitel auf Seite 75ff.

Notizen

Notizen

Sachregister

Pflanzenregister